Anne Hooper
Kama Sutra

ANNE HOOPER
KAMA SUTRA

*Les techniques classiques du plaisir
pour les amants d'aujourd'hui*

ÉDITIONS
HORS COLLECTION

Ont participé à ce livre :
Amy Carroll, Ian Wood,
Richard Dawes, Denise Brown,
Gary Cummins, Carmel O'Neill,
Juanita Grout, Wendy Rogers,
et Amanda Mackie

Traduit de l'anglais par Jacques Collin

Titre original : Kama Sutra
© 1994, Dorling Kindersley Limited, Londres
© 1994, texte Anne Hooper
© 1998, les Éditions Hors Collection
pour la traduction française

Tous droits réservés

ISBN 2-258-04824-9
N° d'éditeur : 256

Imprimé en Italie

Retrouvez-nous sur Internet
http://www.Ed-Hors-Collection.tm.fr
catalogue, information, jeux messagerie
E-mail : **horscoll@club-internet.fr**

SOMMAIRE

Introduction 6

Les préparatifs 14

Les caresses 24

Les baisers 44

Les positions du Kama-sutra 66

Les positions de l'Anangaranga 90   Les positions du Jardin parfumé 108

Les positions du Tao 136

Avant et après l'amour 150

Index 158

Remerciements 160

INTRODUCTION

C'est sans grand enthousiasme que j'ai accueilli la proposition qui m'était faite d'écrire le commentaire d'une nouvelle édition du Kama-sutra. Dans les années soixante et soixante-dix, il semblait y avoir des douzaines de versions de cet ouvrage. Elles étaient toutes très éloignées de mon mode de vie et je n'imaginais pas pouvoir y trouver grand intérêt. Bien que fascinée par la sexualité humaine, je ne m'intéresse pas à son aspect « performance sportive ». Je respecte la liberté des aficionados des poses athlétiques, mais je n'ai personnellement jamais éprouvé le besoin d'y recourir dans ma propre vie sexuelle. C'est donc un peu à contrecœur que je me suis penchée sur un exemplaire de la traduction anglaise Burton & Arbuthnot, qui avait fait connaître ce texte à l'Occident en 1883[1]. À ma grande surprise, cette lecture se révéla beaucoup plus enrichissante que je ne m'y attendais. Je découvris l'humour que dissimulaient certaines positions extravagantes, et compris que nombre de celles-ci s'appliquaient moins au sexe qu'à l'union du corps et de l'esprit. Certaines figures sexuelles du Kama-sutra sont des positions de yoga, lequel vise l'harmonie physique et mentale. Le Kama-sutra reste tout à fait d'actualité dans la sophistication du monde d'aujourd'hui, en ce sens que nous n'avons jamais cessé de rechercher l'extase.

---

1. Elle-même traduite en français par Isidore Liseux dès 1885 (*NdT*).

Le *Kama-sutra* et ses textes associés, l'*Anangaranga*, *Le Jardin parfumé* et le *Tao*, ne sont pas aussi abruptement sexuels que l'on pourrait le supposer. Il existe un lien entre ces textes anciens et la vie au XXe siècle : la prépondérance accordée dans les deux cas aux sentiments. Il nous est possible d'avoir des relations sexuelles avec de nombreux partenaires, mais si celles-ci ne s'accompagnent pas d'un peu d'amour et de chaleur, alors nous ne pouvons atteindre le *kama*. Le concept de *kama* se définit comme « la jouissance de sujets appropriés l'un à l'autre, au moyen des cinq sens, ouïe, toucher, vue, goût, odorat, assistés de l'esprit uni à l'âme ». En tant que tel, le *kama* est aussi pertinent aujourd'hui qu'il pouvait l'être en Inde autour de l'an 400.

INTRODUCTION

Le *Kama-sutra* fut écrit entre le IVe et le VIIe siècle (sans que l'on puisse le dater plus précisément) dans une Inde qui n'existe plus. À cette époque, le citoyen idéal était en quête d'une vie idéale. Il s'entourait d'amis, faisait l'amour comme s'il s'agissait d'une forme d'art, mangeait et buvait bien, se passionnait pour la peinture et la musique, et se voulait juste et bon dans son rôle de seigneur et maître.

Le *Kama-sutra* fut écrit pour la noblesse de l'Inde ancienne par un noble. Vatsyayana pensait que la vie se décomposait en *dharma*, *artha* et *kama*. Le *dharma* était l'acquisition de la vertu et du mérite religieux, l'*artha* celle de la richesse, et le *kama* celle de l'amour et du plaisir. Ces idéaux ne sont pas très éloignés des principes qui régissent nos vies. Si le mérite religieux n'a plus aujourd'hui la même importance, nous recherchons toujours la connaissance de soi et l'élévation intellectuelle ; la plupart d'entre nous aimeraient avoir assez d'argent pour s'assurer d'un train de vie confortable ; et la plupart d'entre nous seraient heureux de vivre une relation amoureuse sexuellement harmonieuse. La principale différence est que le monde d'aujourd'hui est plus égalitaire qu'il ne l'était à l'époque de Vatsyayana. Le *Kama-sutra* était une sorte de manuel du parfait homme d'affaires, traitant

Peinture indienne,
XVIIIe siècle.

INTRODUCTION

du sexe plutôt que de l'argent. Il était destiné aux hommes parce que les femmes avaient alors un rang social inférieur. Mais les femmes ne sont pas pour autant absentes des préoccupations de l'auteur : des pages entières sont consacrées à l'excitation et la stimulation de la partenaire, et ces instructions sont explicites. Le « travail de l'homme » inclut les baisers, les étreintes, les caresses et les égratignures, et si la femme venait à n'être pas satisfaite par l'union, Vatsyayana suggère alors que « l'homme doit lui frotter le yoni (vulve) avec sa main et ses doigts ». Il préconise même des positions spécifiques en fonction des caractéristiques comparées du couple. Le « haut congrès » (cf. « La Position de la femme d'Indra », p. 71) permet une pénétration maximale, lorsqu'un homme avec un petit *lingam* (pénis) fait l'amour à une femme au vagin profond.

Le « bas congrès » (cf. « La Position liante », p. 75) facilite la pénétration pour un homme au large pénis et une femme au vagin étroit.

Bien que le *Kama-sutra* soit généralement considéré comme un livre consacré au sexe, il traite également des manières, de la façon de vivre et des arts qu'un être cultivé se doit de pratiquer. Si certains des sujets abordés dans le manuscrit original paraissent étranges aujourd'hui (l'art d'apprendre à parler aux perroquets et aux sansonnets, par exemple), de nombreux arts sensuels, comme le bon usage des parfums, de la musique et de la nourriture, concernent toujours les pratiques sexuelles modernes.

Pour cette version du *Kama-sutra*, je ne me suis pas contentée de sélectionner les extraits du texte original qui restaient d'actualité : j'ai également conservé certaines informations deux fois millénaires parce qu'elles formaient un contraste fascinant avec la vie que nous menons aujourd'hui. J'ai mis un point d'honneur à commenter toutes ces antiques positions amoureuses, maintenant que nous savons exactement pourquoi nous en trouvons certaines plus stimulantes que d'autres. J'ai également insisté sur les points les plus aptes à nous donner du plaisir. Durant ces quarante dernières années, d'importantes études ont été effectuées sur la

Peinture indienne,
fin du XVe siècle.

sexualité humaine. De nombreux chercheurs et sexologues, comme Masters et Johnson, Kinsey et Shere Hite, ont décrit de façon détaillée les nombreuses facettes de l'activité sexuelle, depuis la masturbation jusqu'aux caresses préliminaires et aux rapports sexuels. L'une des nombreuses tragédies du IIIe Reich fut d'avoir détruit des décennies de recherches en sexologie, que les spécialistes américains n'ont pu rattraper que dans les années soixante-dix. Pouvez-vous imaginer les membres de votre famille se transmettre l'historique de leurs expériences sexuelles d'une génération à l'autre ? Je serais très surprise d'apprendre que vos parents vous ont fait des confidences sur les détails de leur vie intime. Nous ne parlons pas ouvertement de ces choses en Occident. Les textes traitant d'amour et de sexe, comme le *Kama-sutra*, sont bien peu nombreux, mais ils nous offrent une vision extrêmement riche de ces sujets d'un point de vue culturel et historique.

Détail d'une illustration persane, montrant des amants s'embrassant et buvant du vin.

LES AUTRES TEXTES

Ayant été agréablement surprise par les informations découvertes dans ce texte ancien, j'ai décidé de me pencher sur les autres manuels de sexologie du passé.

Le *Kama-sutra* n'était que l'un des nombreux traités sexuels orientaux traduits et publiés en Occident, et nous devons pour cela remercier le célèbre explorateur victorien sir Richard Burton et son collègue, Forster Fitzgerald Arbuthnot. L'*Anangaranga*, *Le Jardin parfumé* et le *Tao* – qui figurent et sont cités dans ce livre – ont également beaucoup à offrir.

L'ANANGARANGA

Deux ans après la publication du *Kama-sutra* en Occident, Burton et Arbuthnot firent paraître l'*Anangaranga*. Ce texte était spécifiquement destiné à prévenir la séparation des époux. Son auteur, Kalyanamalla l'explique : « La principale cause de séparation dans un couple et la raison qui pousse un mari dans les bras de femmes étrangères ou la femme dans les bras d'hommes étrangers est le besoin de plaisirs variés et la monotonie qui suit la possession. » Écrit vers 1172, l'*Anangaranga* est un recueil de textes érotiques reprenant des extraits du *Kama-sutra*. Son titre se traduit par « Théâtre de l'intangible », en référence à Kama, le dieu hindou de l'amour, qui devint un esprit intangible lorsque son corps fut réduit en cendres par un regard du troisième œil du dieu Shiva.

Ce livre fut publié peu avant le début des croisades, époque où les échanges culturels entre Orient et Occident furent nombreux. À leur retour, les croisés introduisirent des pratiques jusque-là inconnues en Europe, notamment sexuelles. Les puissants guerriers des croisades qui avaient survécu à des années de combat avaient apprécié l'« éducation sensuelle » qu'ils avaient reçue dans les harems

INTRODUCTION

d'Arabie, d'Afrique du Nord et de Syrie. L'Europe y gagna une sexualité plus raffinée, ainsi que d'autres délicatesses érotiques, comme l'hygiène et l'art des jeux préliminaires. C'est grâce à ces

Peinture indienne, fin du XVIIe siècle.

concepts importés d'Arabie que l'Occident apprit à bien faire l'amour.

LE JARDIN PARFUMÉ

Il fallut en revanche attendre l'époque victorienne pour voir enfin apparaître en Occident des traités écrits abordant l'ancienne et très imaginative culture érotique arabe. *Le Jardin parfumé* est la traduction d'un vieux manuscrit arabe découvert en Algérie au milieu du XIXe siècle par un officier français en poste en Afrique du Nord. L'auteur du manuscrit original, le cheikh Nefzaoui, vivait probablement à Tunis au XVIe siècle. Lorsque vous lirez, un peu plus loin, des extraits de ce texte, vous vous rendrez compte que le cheikh Nefzaoui avait une connaissance des réactions sexuelles et de l'anatomie humaine bien plus étendue que celle des anciens hindous. Cela n'est pas tout à fait surprenant, si l'on considère que les médecins arabes étaient alors extrêmement réputés et exerçaient dans les villes importantes de l'Ancien Monde. D'un point de vue pratique, la plupart des conseils du cheikh Nefzaoui sont judicieux et fondés sur un solide bon sens : il recommande, par exemple, d'éviter certaines positions parce qu'elles « prédisposent aux douleurs rhumatismales et à la sciatique ».

Même s'il n'avait pas effectivement identifié la zone que nous appelons maintenant « point G », il avait remarqué que certaines positions provoquaient un plaisir particulièrement intense chez les femmes. À la lecture de ce texte on est rapidement convaincu que le cheikh Nefzaoui devait avoir une profonde expérience des choses du sexe.

Le Jardin parfumé, tout comme le *Kama-sutra*, est bien plus qu'un simple manuel technique : le cheikh Nefzaoui aborde également les nourritures sensuelles, les aphrodisiaques et les types d'hommes et de femmes qu'il juge désirables.

Le Jardin parfumé fut la troisième des publications de sir Richard Burton pour la *Hindoo Kama Shastra Society* (Société hindoue d'érotologie, Kama étant l'amour et Shastra la science). Cette société avait pour but la traduction des textes rares et importants consacrés à l'amour et au sexe. Une partie du texte original du *Jardin parfumé* traitait des pratiques homosexuelles, et fut également traduite par Burton. Il venait de terminer ce chapitre lorsqu'il mourut (le 20 octobre 1890), et sa femme, opposée au projet, jeta la traduction au feu. Heureusement, tout ne fut pas perdu, car le collègue de Burton, le docteur Grenfell Baker, réussit à en reproduire la plus grande partie grâce aux conversations qu'il avait eues avec Burton avant sa mort.

INTRODUCTION

LE TAO

Le *Tao*, qui forme la dernière partie de ce livre, est l'expression de la sagesse chinoise ancienne. Il est plus ancien que les trois autres livres, en ce sens qu'il exprime une science de la vie qui fut développée si tôt qu'elle précède les traditions de l'Égypte, de l'Inde et de la Grèce antiques. Le *Tao* est une sagesse qui repose sur huit piliers : la philosophie, la revitalisation, une alimentation saine, les « aliments oubliés », la médecine, la sagesse sexuelle, la maîtrise et le succès. La sexologie taoïste prône l'usage du sexe et de l'énergie sexuelle pour améliorer sa santé, harmoniser ses relations et développer sa vie spirituelle.

Les taoïstes pensent que la stimulation sexuelle doit être prolongée pour atteindre le paroxysme de l'excitation.

Dans les dernières pages de ce volume, je propose une sélection des positions amoureuses classiques du *Tao*, de façon que nous puissions les comparer aux autres. Des positions variées sont recommandées par le *Tao*, avec pour but premier de promouvoir les flux d'énergie et de santé sexuelles. Elles diffèrent souvent des positions hindoues et arabes, ce qui reflète la façon spécifiquement chinoise d'envisager le sexe. Pensez, par exemple, aux noms de certaines de ces positions. Il y a « le coursier lancé au galop », « les papillons voltigeants », « les hirondelles amoureuses », « le ver à soie tissant son cocon ». Ce sont des descriptions fortement imagées, et il est clair que les anciens Chinois considéraient l'amour comme une forme d'art. Comprendre cela pourrait nous permettre d'envisager différemment ce que nous sommes sexuellement et ce que représentent les rapports avec nos partenaires.

Détail d'une peinture indienne, fin du XVIIIe siècle.

Mode d'emploi du Kama-sutra

Le texte original du *Kama-sutra* traite de bien d'autres sujets que du sexe, mais je me suis limitée ici aux informations consacrées aux préliminaires et au coït, que j'ai par ailleurs complétées lorsque cela était nécessaire par des suggestions personnelles. J'ai été par exemple assez surprise de voir qu'il n'était pas fait mention dans le manuscrit original de l'art du massage ; j'ai donc ajouté un chapitre à ce sujet (*cf.* p. 34-39), parce qu'un massage est toujours une merveilleuse façon d'entamer une relation sexuelle. Par ailleurs, j'aborde dans le dernier chapitre de ce livre un sujet qui n'a jamais été traité par le *Kama-sutra* : le préservatif. L'usage du préservatif fait aujourd'hui partie intégrante de la vie sexuelle, mais plutôt que de l'envisager comme une corvée, j'ai préféré le considérer comme une partie érotique et vitale de l'art d'aimer (*cf.* p. 154-155).

Dans les chapitres consacrés au *Kama-sutra* et aux autres manuscrits anciens, les passages en italique sont des citations ou des interprétations du texte original, tandis que les commentaires visant à replacer ces éléments dans un contexte moderne sont composés en romain (caractères droits). Les informations complémentaires que j'ai jugé utile d'ajouter sont présentées en encadrés.

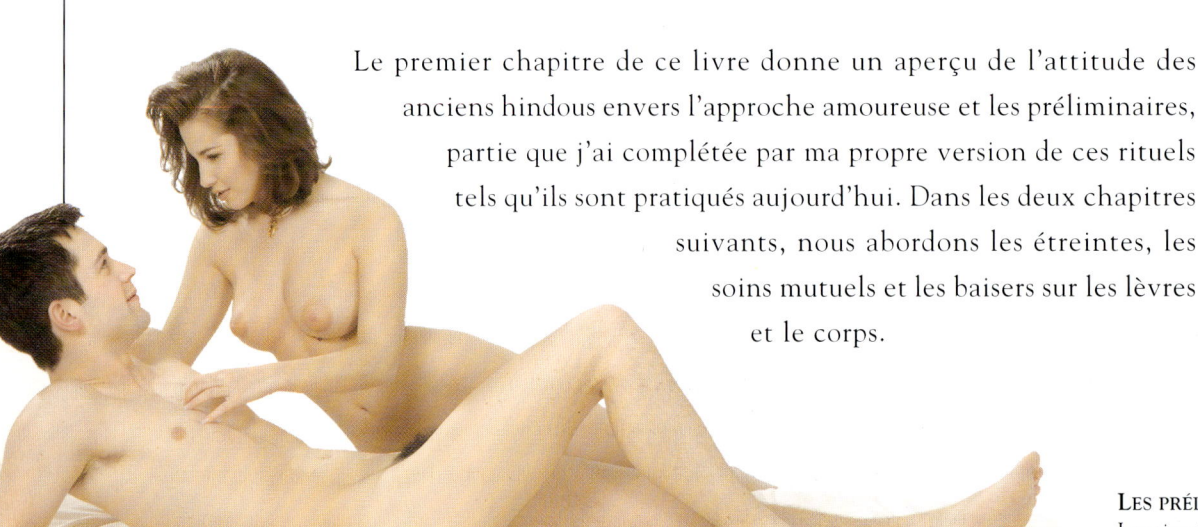

Le premier chapitre de ce livre donne un aperçu de l'attitude des anciens hindous envers l'approche amoureuse et les préliminaires, partie que j'ai complétée par ma propre version de ces rituels tels qu'ils sont pratiqués aujourd'hui. Dans les deux chapitres suivants, nous abordons les étreintes, les soins mutuels et les baisers sur les lèvres et le corps.

Les préliminaires
La stimulation des zones érogènes fait monter le désir.

INTRODUCTION

LES POSITIONS AMOUREUSES
Varier les positions, que vous soyez allongés (à gauche), debout (ci-dessous) ou autre, influence les aspects émotionnels tout autant que physiologiques du coït.

Laisser des marques sur la peau de l'autre n'est pas une pratique à laquelle nous souscrivons aujourd'hui, pourtant l'idée que le plaisir puisse parfois être proche d'une forme de douleur ne nous est pas tout à fait étrangère. Essayez d'abord le chapitre sur les égratignures (cf. p. 40-41) avec une certaine ouverture d'esprit : toutes les pratiques décrites dans le *Kama-sutra* peuvent être interprétées de toutes les manières et adaptées à nos propres envies.

Qui aurait pensé qu'il existât tant de manières différentes de s'embrasser ? Et une telle variété a-t-elle une quelconque importance ? Je pense que oui. Ces différents baisers ont des significations différentes. Les baisers légers et délicats sont une invite et mènent à l'amour ; les baisers profonds peuvent être aussi érotiques que le coït lui-même. Les pages qui sont consacrées aux baisers et aux jeux buccaux (cf. p. 46-63) devraient vous aider à affirmer et adapter vos propres techniques.

La plus grande partie de ce livre reste pourtant consacrée aux positions (cf. p. 66-149). Parce que le *Kama-sutra* offre un choix limité, j'ai complété celles qu'il décrit par des positions tirées d'autres textes anciens : l'*Anangaranga*, *Le Jardin parfumé* et le *Tao*. Lorsque celles-ci sont particulièrement acrobatiques ou difficiles à réaliser, je n'ai pas hésité à le signaler ! J'espère simplement qu'elles vous aideront à atteindre de nouveaux sommets de volupté avec votre partenaire.

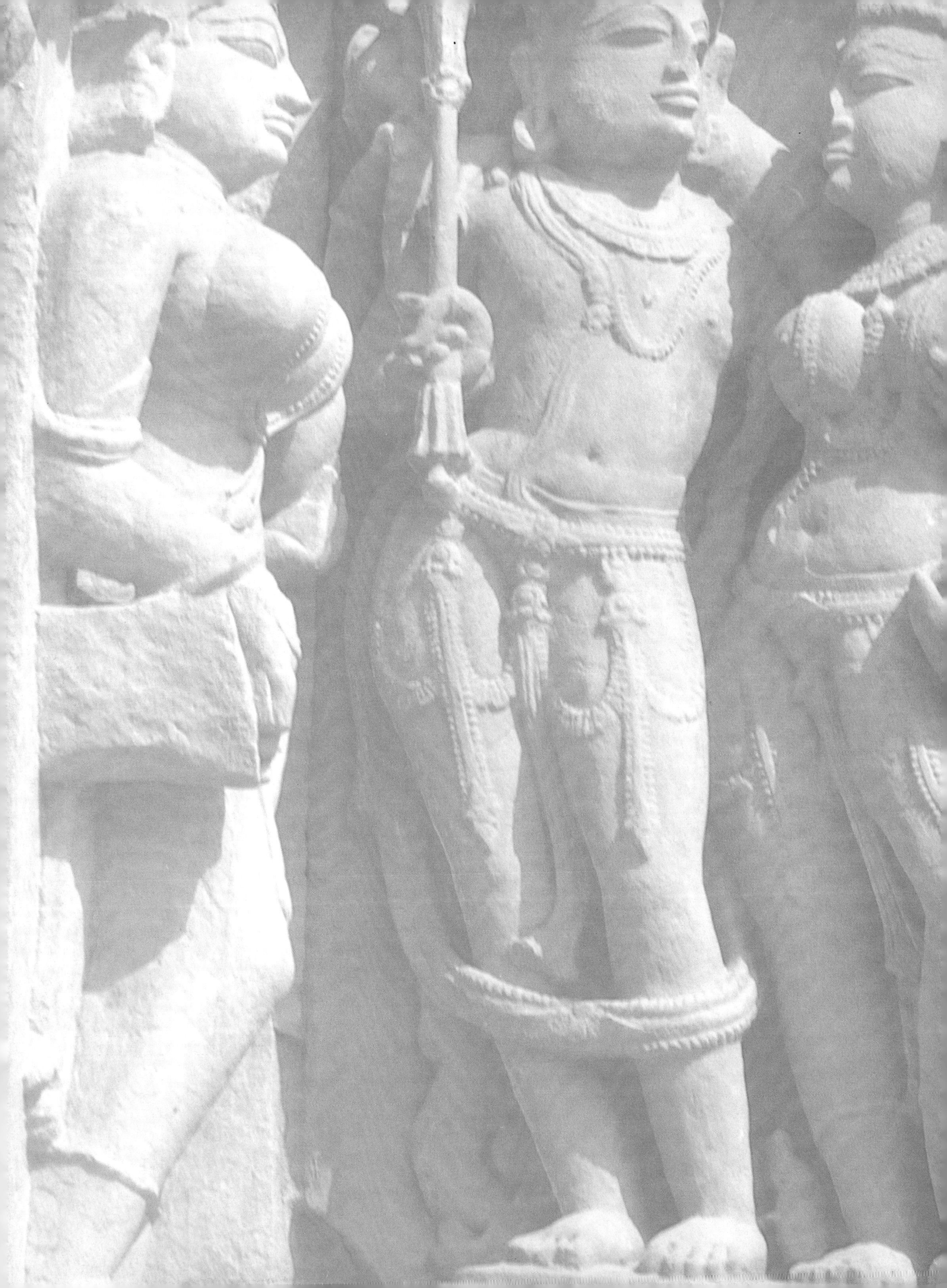

Les Préparatifs

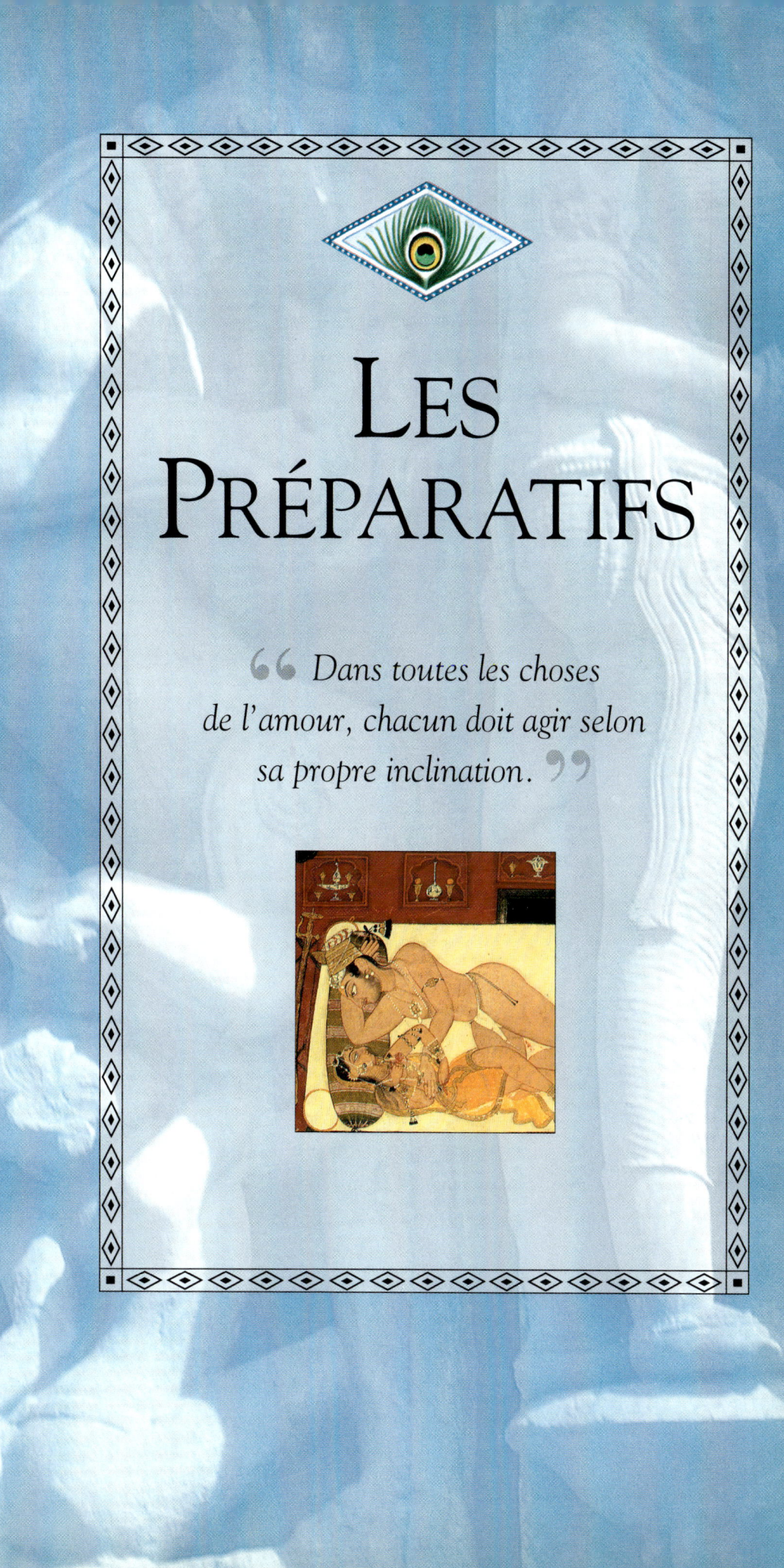

" Dans toutes les choses de l'amour, chacun doit agir selon sa propre inclination. "

LA PRÉPARATION DU CORPS

Dans la tradition hindoue qui a donné naissance au *Kama-sutra*, le corps humain est considéré comme le véhicule de l'expression de la spiritualité et non, comme cela a été le cas durant de nombreux siècles en Occident, comme le lieu du péché. Le sexe est vu comme un sacrement et les statues et gravures érotiques que l'on peut découvrir dans les temples hindous sont un hommage à cette ancienne conviction. La tradition hindoue considère le corps comme devant être traité avec respect et dans le chapitre consacré à « la vie du citoyen », le *Kama-sutra* détaille les soins dont il doit faire l'objet : « Levé dès le matin, le chef de maison, après s'être occupé des devoirs indispensables, se lavera les dents, s'appliquera sur le corps, en quantité modérée, des onguents et des parfums, mettra du collyre sur ses paupières et sous ses yeux, colorera ses lèvres avec de l'alacktaka et se regardera dans le miroir. Puis, ayant mangé des feuilles de bétel et d'autres choses qui parfument la bouche, il vaquera à ses affaires habituelles. Chaque jour il prendra un bain, de deux jours l'un s'oindra le corps avec de l'huile, tous les trois jours s'appliquera sur le corps une substance mousseuse, se fera raser la tête (visage compris) tous les quatre jours et les autres parties du corps tous les cinq ou dix jours. Tout cela doit être ponctuellement exécuté ; il aura soin, également, de faire disparaître la sueur des aisselles. »

Les préférences culturelles évoluent et le détail n'est pas aussi important que le principe. Deux mille ans plus tard, l'hygiène reste une priorité pour la plupart des amants et pour nombre d'entre eux, l'usage de parfums rehausse la sexualité. Assurez-vous que les produits que vous utilisez pour votre corps et vos cheveux plaisent non seulement à vous, mais aussi à votre partenaire. Que vous soyez homme ou femme, un parfum qui ne vous convient pas rebutera votre partenaire, tandis qu'un autre mieux choisi ne pourra qu'améliorer un contact déjà agréable.

LA PRÉPARATION DU CORPS

Parfumer l'Haleine

Les odeurs corporelles à elles seules refroidissent la passion ; combinées à une mauvaise haleine, elles peuvent annihiler tout désir. Ce n'est pas pour rien que le Kama-sutra recommande déjà des remèdes pour améliorer l'haleine. Heureusement, il existe maintenant de nombreux produits, qui sont certainement plus efficace que les feuilles de bétel que recommandait Vatsyayana.

Ceux qui sont affligés d'une mauvaise haleine n'en ont souvent pas conscience et ce parfois parce que leur partenaire n'ose pas le leur signaler. Si vous pensez que c'est peut-être votre cas, demandez-lui de vous répondre avec franchise à ce sujet. Lorsque la mauvaise haleine est forte et constante, il est en revanche préférable de recourir à une aide médicale plutôt que de la dissimuler.

Se Baigner Ensemble

Prendre une douche à deux ou partager la baignoire ne fait pas qu'effacer la fatigue de la journée : c'est également une excellente invite à l'amour. Ce peut être un endroit judicieux pour faire l'amour (en faisant attention à ne pas glisser), ou un prélude avant le lit.

LES PRÉPARATIFS

LES ZONES ÉROGÈNES

On dit que le plus puissant des organes sexuels est le cerveau. La signification la plus évidente de ce sage dicton est que, sans les libres excursions de l'imagination, le sexe peut rapidement devenir une activité mécanique et ennuyeuse. Les bons amants, hommes ou femmes, ont en commun un usage délicat et imaginatif des parties du corps que l'on dénomme d'une façon un peu trop clinique zones érogènes. Nous devrions peut-être les appeler sources de plaisir, puisque c'est en puisant dans leur potentiel érotique que l'on peut parachever les joies intenses dont le corps est capable. Aucune personne éveillée à la sexualité ne nierait que les parties génitales sont l'une des principales zones érogènes, avec la peau et le cerveau. Mais se concentrer sur celles-ci, à l'exclusion de toutes les autres sources de plaisir du corps, revient à manger un seul plat au cours d'un festin en abandonnant le reste.

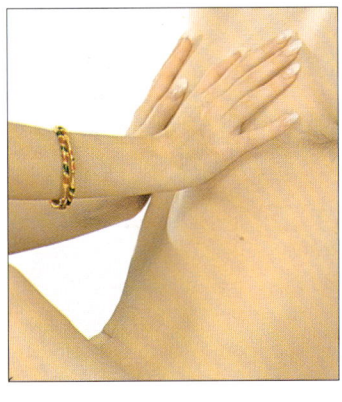

Tous les traités classiques de l'érotologie orientale ont conscience de ces sources de plaisir. Ils en parlent en termes de baisers et de caresses. Du baiser, par exemple, le *Kama-sutra* dit qu'il doit être appliqué aux lèvres, à l'intérieur de la bouche, au front, aux joues, à la gorge et à la poitrine. La plupart d'entre nous apprécient son potentiel de plaisir sur les seins, les fesses, le lobe des oreilles et les pieds. La liste est aussi longue que vous et votre partenaire le désirerez. Certains apprécient des caresses sur le mollet ou l'intérieur du bras. Pour d'autres, c'est toute la surface de la peau !

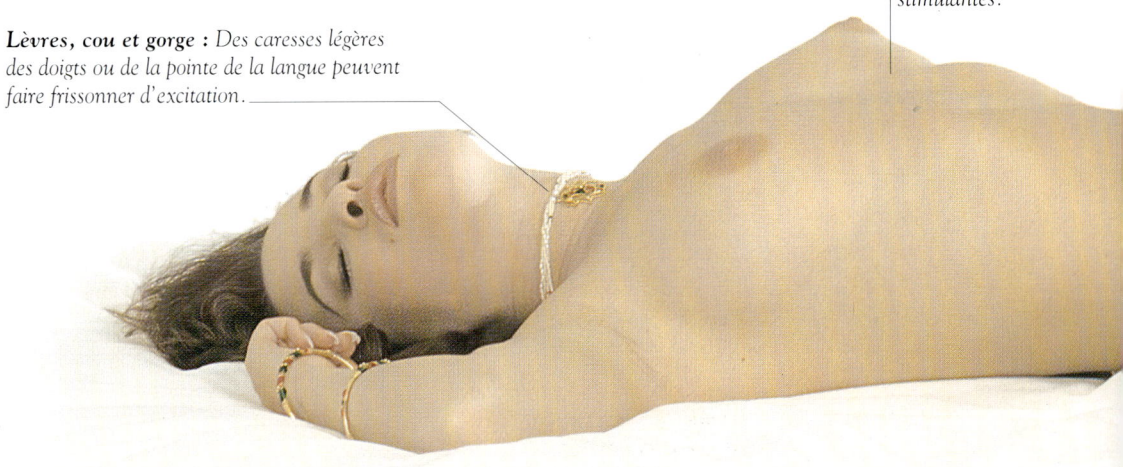

Lèvres, cou et gorge : *Des caresses légères des doigts ou de la pointe de la langue peuvent faire frissonner d'excitation.*

Seins et mamelons : *Les seins et les mamelons d'une femme sont très sensibles et les baisers, caresses et étreintes peuvent s'avérer hautement stimulantes.*

LES ZONES ÉROGÈNES

AU BON PLAISIR DU PIED

Les pieds sont en connexion avec toutes les parties du corps ; lorsqu'ils sont stimulés, ils provoquent non seulement des sensations plaisantes en eux-mêmes, mais les transmettent également au corps, aux membres et même à la tête.

Pour certains, le seul lien entre le sexe et le pied est le fétichisme. Pourtant, leur importance dans le massage et la médecine asiatique devrait suffire à prouver leur potentiel érogène. Les orteils sont tout particulièrement sensibles.

Chevilles et mollets : *La stimulation de certaines parties de la cheville, du mollet et des orteils est parfois étonnamment sensuelle.*

Cuisses : *Les caresses des doigts et de la langue et les baisers sur l'intérieur des cuisses sont extrêmement plaisants.*

Fesses : *Elles sont visuellement stimulantes et richement dotées de terminaisons nerveuses.*

LES PRÉPARATIFS

LA SENSUALITÉ DE LA PEAU

La peau est le plus grand organe du corps humain ; elle est dotée de terminaisons nerveuses extrêmement sensibles qui répondent au plus infime contact et aux variations de température et de pression les plus ténues. Pour être plus précis, il existe en moyenne près de 250 récepteurs sensoriels par centimètre carré de la peau d'une femme. La sensibilité varie d'une partie du corps à l'autre, mais les zones érogènes sont généralement celles qui sont les plus sensibles au toucher.

LES SEINS

Les seins de la femme jouent un rôle déterminant dans l'attraction sexuelle. La femme est la seule primate femelle dont les glandes mammaires restent développées lorsqu'elle ne produit pas de lait, ce qui donne à ses seins un rôle outrepassant le fait de nourrir ses petits. En plus de l'attraction qu'ils exercent sur les hommes, les seins sont indéniablement une source de plaisir des plus sensibles.

> *Il doit toujours avoir soin de presser les parties de son corps sur lesquelles elle tourne les yeux.*

Les mamelons et la partie qui les entoure (l'aréole) sont extrêmement sensibles au toucher et certaines femmes peuvent atteindre l'orgasme par la seule stimulation manuelle ou orale du mamelon. Avoir le mamelon doucement caressé et embrassé et le sein délicatement pressé est plus important pour les femmes que la plupart des hommes ne l'imaginent. Même les hommes qui sont conscients de l'immense potentiel de plaisir des seins leur accordent souvent moins de temps que leur partenaire ne le désirerait.

Caresses et baisers
Les mamelons sont très sensibles et les baisers, caresses de la langue et succions sont très excitants.

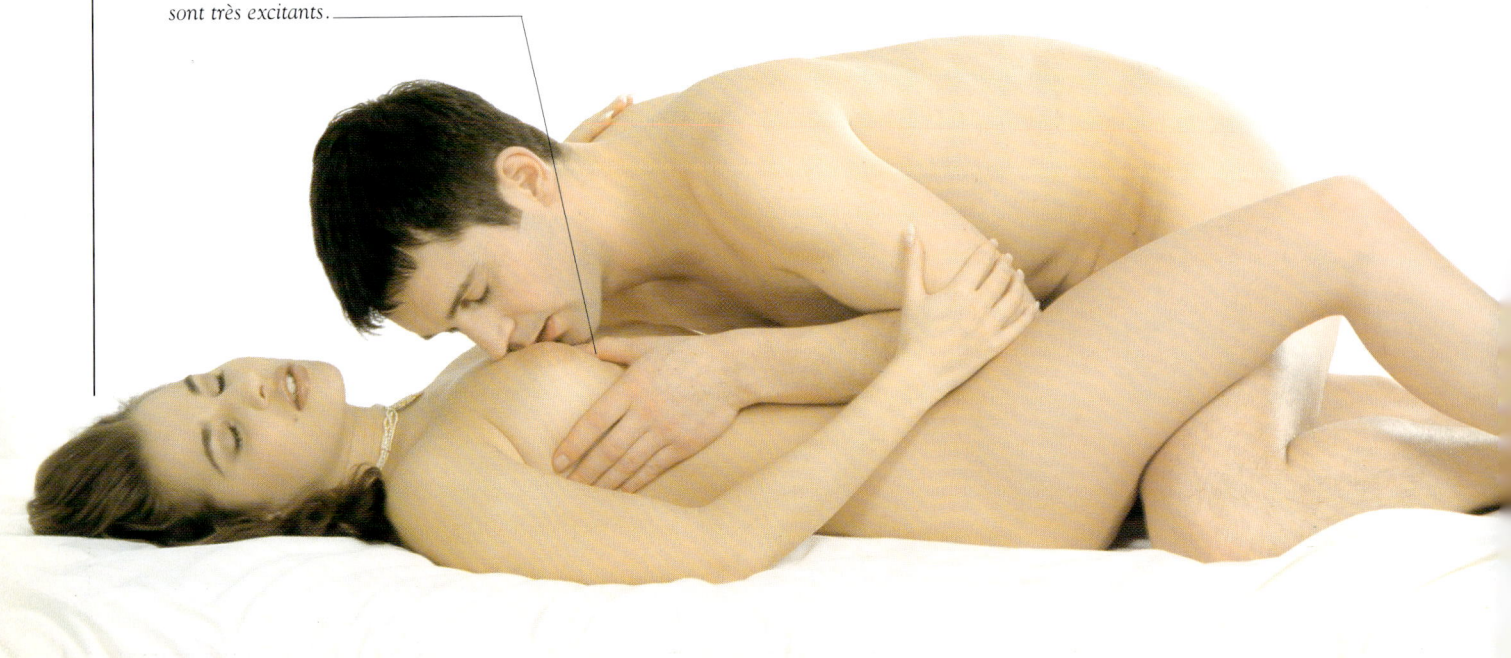

Les Fesses

Certains hommes trouvent les fesses d'une femme plus excitantes que sa poitrine, en particulier lorsque celles-ci sont accentuées par des vêtements moulants. À l'instar des seins, les fesses des femmes sont généralement plus prononcées que celles des hommes. Tant pour les fesses que les seins, c'est dans leur rondeur – associée, pour la plupart des hommes, à une certaine fermeté – que repose tout leur attrait. Si les femmes sont moins sensibles à l'aspect visuel que les hommes, certaines trouvent néanmoins les fesses masculines attirantes et même excitantes. Elles tendent alors à préférer des fesses fermes et compactes.

Tout comme ses seins, les fesses de la femme sont à la fois une source d'attraction, incluant alors les parties génitales et une source de plaisir. Les deux partenaires peuvent éprouver une certaine satisfaction si l'homme les presse, caresse et tapote et s'il les embrasse et mordille doucement. La femme peut trouver agréable de faire la même chose à son partenaire.

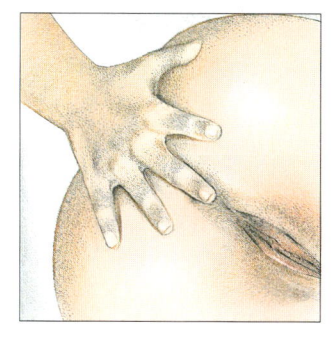

La sensitivité anale
Si vous imaginez un cadran d'horloge surimposé à l'anus de votre partenaire, 12 heures étant le point le plus proche du vagin (ou des testicules), alors les endroits les plus sensibles sont situés à dix heures et à deux heures.

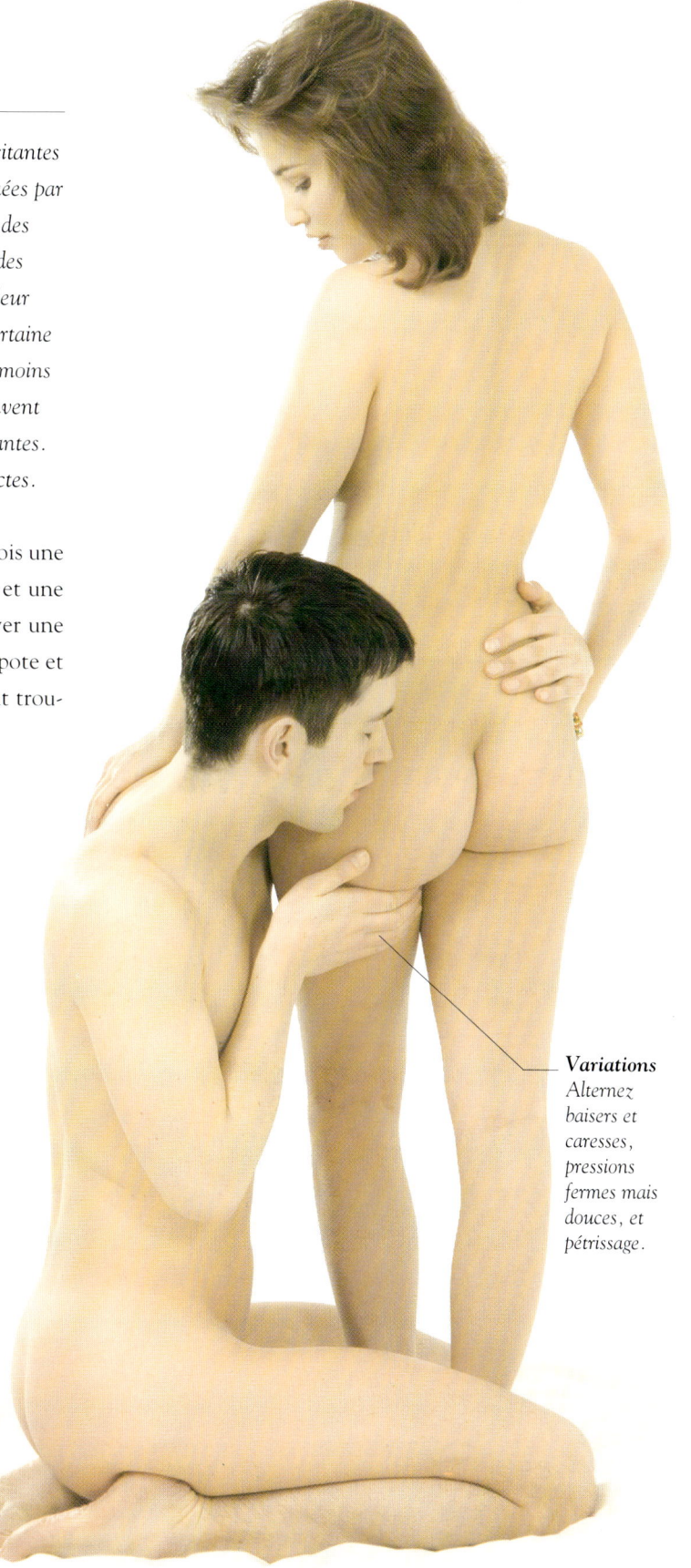

Variations
Alternez baisers et caresses, pressions fermes mais douces, et pétrissage.

UNE AMBIANCE PROPICE

S'il est important de préparer le corps à l'amour, il est tout aussi judicieux d'accorder une grande attention à la pièce dans laquelle vous et votre partenaire faites l'amour. Aujourd'hui tout comme à l'époque du *Kama-sutra*, le cadre dans lequel le couple fait l'amour est primordial. On peut non seulement décorer la pièce de fleurs et la parfumer, comme le suggère Vatsyayana, mais aussi faire bien d'autres choses pour créer une atmosphère adaptée.

Tout d'abord, assurez-vous que, par temps froid, la pièce est assez chaude (mais pas étouffante), ou qu'elle est assez fraîche par temps chaud. Une musique de fond est généralement la bienvenue et conforte l'ambiance, lorsqu'elle n'est ni trop bruyante et agitée, ce qui nuit à de tendres échanges, ni trop soporifique, ce qui vous ferait somnoler. Les goûts musicaux sont extrêmement variés, mais il est important de choisir quelque chose qui vous permette à tous deux de vous relaxer tout en restant alertes et attentifs l'un à l'autre. Naturellement, vous ne voudrez pas être dérangés ; si vous n'avez pas de répondeur, il peut donc être judicieux de débrancher le téléphone ou de le laisser décroché.

Enfin, la passion sexuelle et les excès de la table et de la bouteille sont peut-être liés dans l'image populaire de l'hédoniste, mais c'est en fait une combinaison rarement efficace. S'il est souvent tentant de faire précéder l'amour d'un bon repas ou d'une généreuse quantité d'alcool, ni l'un ni l'autre ne vous sera bénéfique. Le sexe est généralement meilleur sur un estomac satisfait mais non surchargé, et très certainement la tête claire.

Une Atmosphère Favorable

Malgré tout ce qui sépare le monde moderne de l'Inde du *Kama-sutra*, nous serions bien inspirés, lorsque nous nous préparons à l'amour, de suivre les conseils de Vatsyayana, qui nous dit que la pièce, « embaumée de riches parfums, renfermera un lit, moelleux, agréable à l'œil, couvert d'un drap de parfaite blancheur, peu élevé vers le milieu, surmonté de guirlandes et de faisceaux de fleurs, avec un baldaquin au-dessus et deux oreillers, l'un à la tête, l'autre au pied. Il y aura aussi une sorte de sofa ou lit de repos, et à la tête une crédence où seront placés les onguents parfumés pour la nuit, des fleurs, des pots de collyre et autres substances odoriférantes, des essences pour parfumer la bouche et de l'écorce de citronnier. »

Parfumer la pièce
Donnez à votre chambre à coucher une senteur agréable avec de l'encens, des huiles essentielles ou des cristaux parfumés.

Parfumer la peau
Lors du bain, utilisez des huiles de bain délicatement odorantes, qui adouciront et parfumeront la peau. Si vous préférez la douche, prenez des gels de douche parfumés.

Les fleurs
Des fleurs fraîches et odorantes, comme des roses, décoreront et parfumeront la pièce.

Les huiles et lotions
Enduisez-vous mutuellement de lotions parfumées et d'huiles de massage pour rendre les préliminaires plus séduisants. Mieux encore, faites-vous l'un à l'autre un massage sensuel (*cf.* p. 34-39).

Champagne et soie
Une bouteille de champagne bien frappé et de superbes dessous de soie sont deux des ingrédients traditionnels d'une soirée romantique, que vous soyez chez vous ou à l'hôtel.

Des lumières tamisées
La lumière douce et vacillante des chandeliers est bien plus romantique que l'éclairage électrique, mais il vaut mieux, pour des raisons de sécurité, écarter les flammes du lit et de tout ce qui est inflammable. Des bougies odorantes parfumeront la pièce et vous offriront une lumière douce et séduisante.

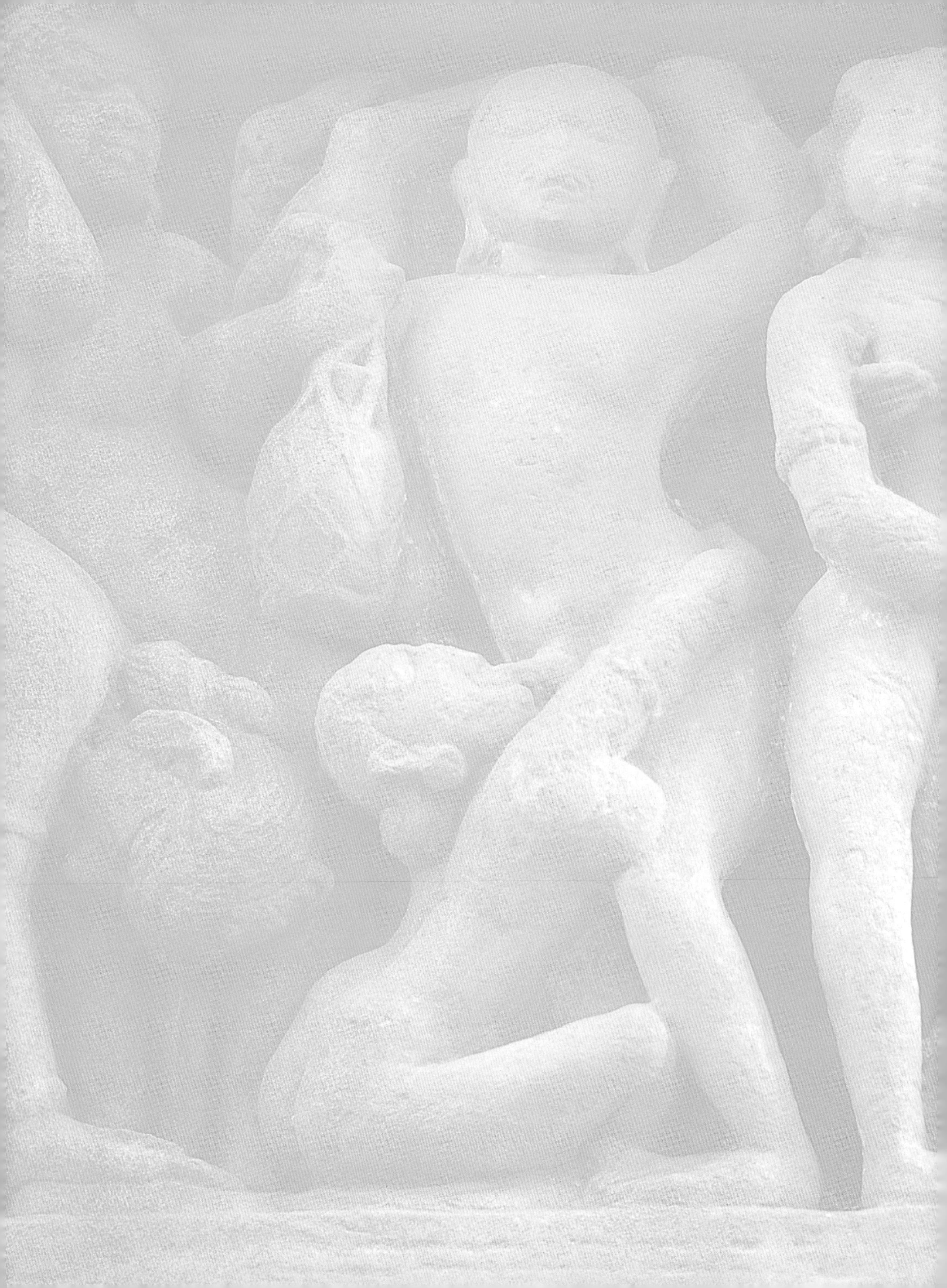

LES CARESSES

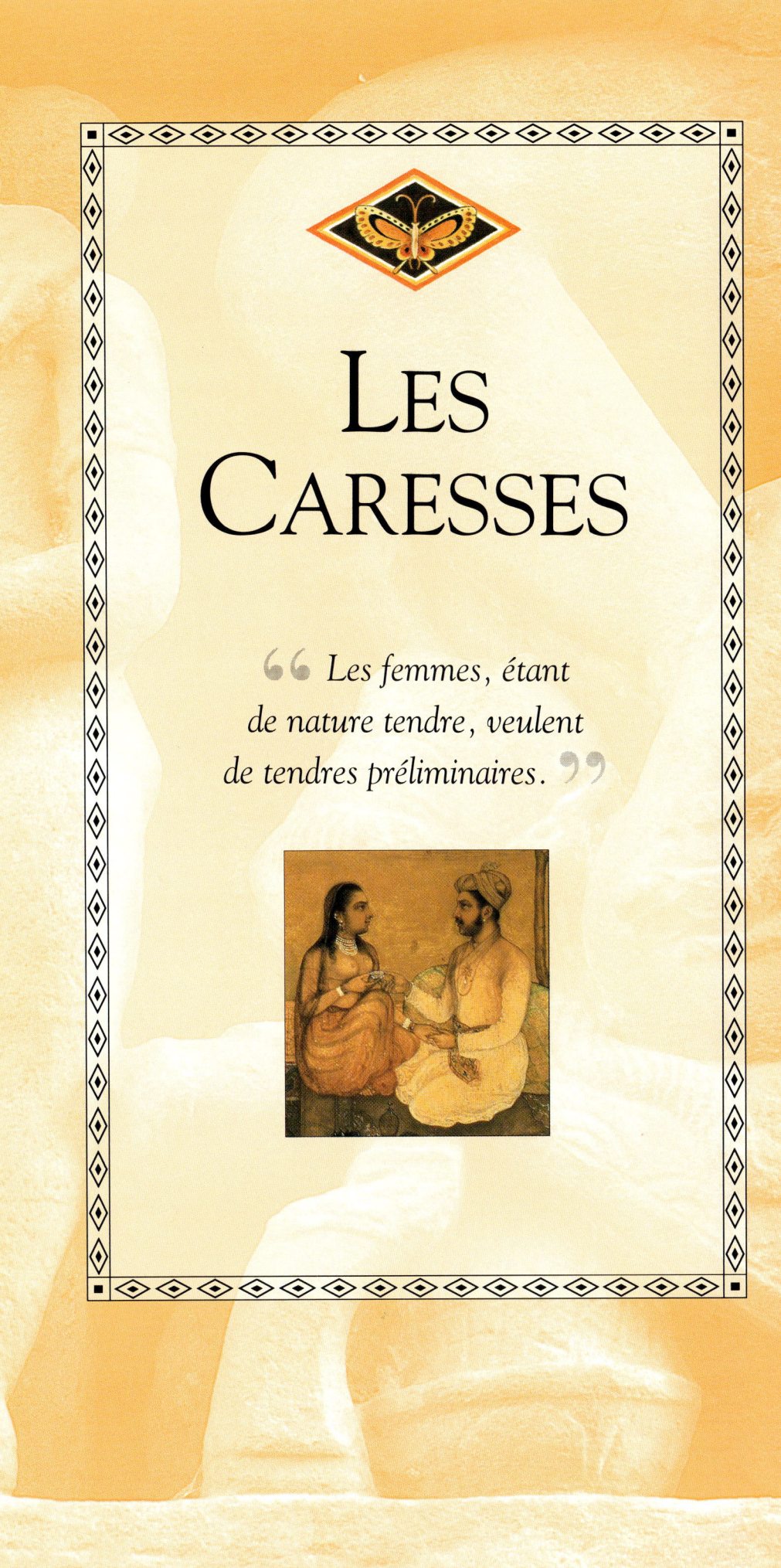

" *Les femmes, étant de nature tendre, veulent de tendres préliminaires.* "

LES CARESSES

L'Embrassement

Lorsqu'il aborde les étreintes, le *Kama-sutra* les divise en huit types, classés en deux groupes de quatre. Le premier groupe, qui « indique l'amour mutuel de l'homme et de la femme réunis », comprend l'Embrassement perçant, l'Embrassement pressant, l'Embrassement frottant et l'Embrassement touchant. Le second, les étreintes qui se produisent « au moment de la rencontre », inclut l'Enlacement du reptile (*Jataveshtitaka*), la Montée à l'arbre (*Vrikshadhirudhaka*), le Mélange de graine de sésame et de riz (*Tila-Tandulaka*) et l'Embrassement lait et eau (*Kshiraniraka*). Vatsyayana nous donne, en outre, « quatre manières d'embrasser de simples membres du corps », qui sont les cuisses, le *jaghana* (la partie médiane du corps), les seins et le front. Dans ce chapitre du *Kama-sutra*, Vatsyayana se contente *a priori* de décrire et de classer des comportements qu'il avait observés, plutôt que de donner des instructions pratiques.

L'Embrassement Touchant

Le Kama-sutra, en décrivant ce mouvement, dit que « lorsqu'un homme, sous un prétexte ou sous un autre, va au-devant ou à côté d'une femme et touche son corps avec le sien, c'est "l'Embrassement touchant". »

Entre amants, ce type de contacts « accidentels » délibérés, provoqués par l'un ou l'autre des partenaires, est un jeu érotique qui permet de manifester son affection.

L'Embrassement Frottant

« Lorsque deux amants se promènent lentement ensemble, dans l'obscurité, dans un lieu fréquenté ou dans un endroit solitaire et se frottent le corps l'un contre l'autre, c'est "l'Embrassement frottant". »

C'est une forme familière de contact physique entre amants, en particulier les plus jeunes, qui marchent souvent ensemble un bras passé autour de la taille de l'autre.

L'Embrassement Pressant

« Lorsque, en pareille occasion (celle de l'Embrassement frottant), l'un d'eux presse le corps de l'autre avec force contre un mur ou un pilier, c'est "l'Embrassement pressant". »

Ce genre de comportement lascif et espiègle est, tout comme l'Embrassement frottant, courant chez les jeunes amants. Se trouver collé contre un mur par son partenaire est une situation à laquelle bien peu de gens objecteraient.

L'Embrassement Perçant

« Lorsqu'une femme, dans un endroit solitaire, se penche comme pour ramasser quelque chose et perce, pour ainsi dire, un homme assis ou debout avec ses seins, dont l'homme s'empare aussitôt, c'est "l'Embrassement perçant". »

Ici, le verbe « percer » doit être compris dans sa forme imagée plutôt que littérale et signifie simplement que la femme effleure de ses seins une partie du corps de l'homme sur lequel elle se penche.

◆ LES CARESSES

LES ÉTREINTES ET L'AMOUR

Vatsyayana divise les quatre étreintes partagées « au moment de la rencontre » en deux groupes. L'Enlacement du reptile et la Montée à l'arbre sont utilisées lorsque le couple est debout et en dehors des relations sexuelles, tandis que le Mélange de graine de sésame et de riz et l'Embrassement lait et eau sont adoptées pendant le congrès.

L'Embrassement Lait et Eau

« Lorsqu'un homme et une femme s'aiment violemment et, sans s'inquiéter de se faire mal, s'embrassent comme s'ils voulaient pénétrer dans le corps l'un de l'autre, que la femme soit assise sur les genoux de l'homme, ou devant lui, ou sur un lit, cet embrassement s'appelle "le Mélange de lait et d'eau". »

Cette étreinte évoque par son nom un mélange absolu et décrit explicitement la façon dont les amants cherchent à se perdre l'un en l'autre, en particulier au début de leur relation physique.

La Montée à l'Arbre

« Lorsqu'une femme, ayant placé un pied sur le pied de son amant et l'autre sur une de ses cuisses, passe un de ses bras sur ses reins et l'autre sur ses épaules, chantonne à mi-voix comme si elle roucoulait et veut, en quelque sorte, grimper sur lui pour avoir un baiser, cet embrassement s'appelle "la Montée à l'arbre". »

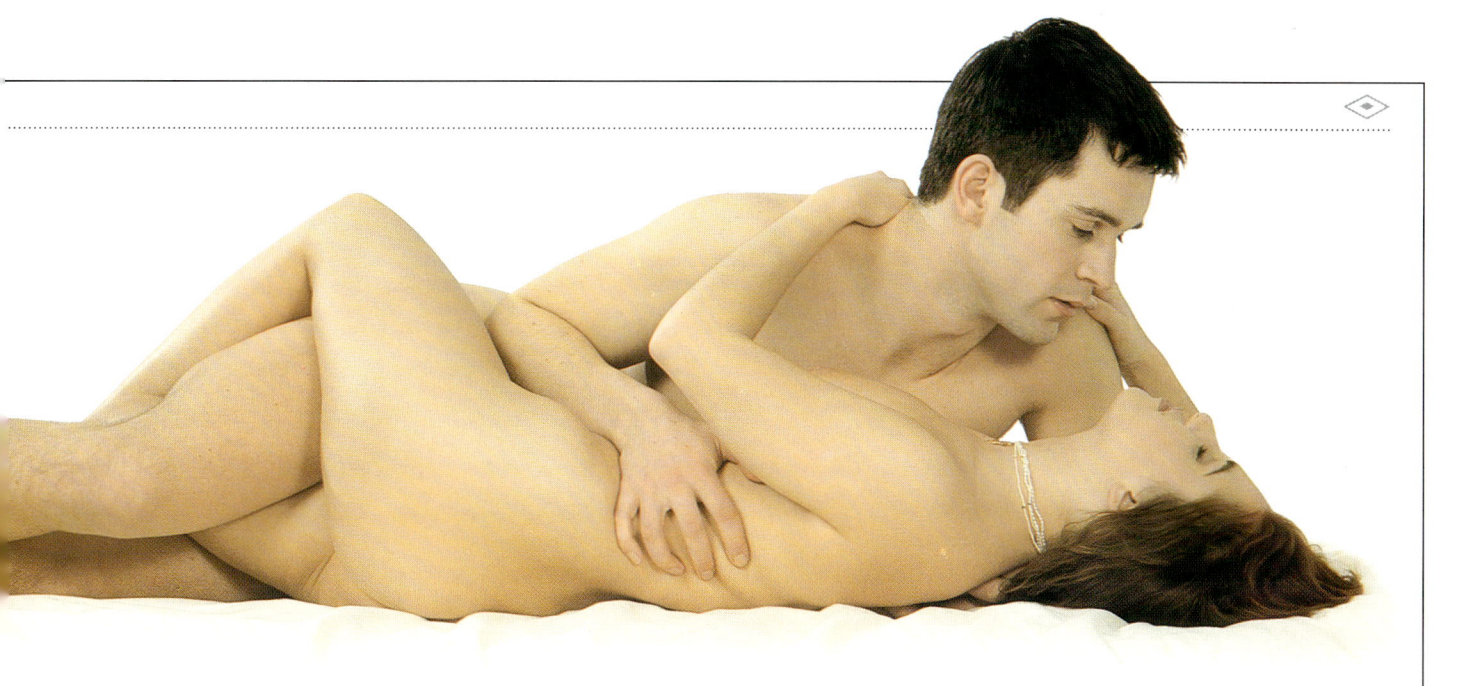

Le Mélange de Graine de Sésame et de Riz

« Lorsque les amants sont couchés dans un lit et s'embrassent si étroitement que les bras et les cuisses de l'un sont enlacés par les bras et les cuisses de l'autre, dans une sorte de frottement réciproque, cet embrassement s'appelle "le Mélange de graine de sésame et de riz". »

Le nom de cette étreinte évoque de façon poétique la façon dont les corps et les membres peuvent se mêler, de manière à maximiser le contact corporel, tel que décrit ici.

L'Enlacement du Reptile

« Lorsqu'une femme, se cramponnant à un homme comme un reptile s'enlace à un arbre, attire sa tête vers la sienne dans l'intention de le baiser et, faisant entendre un léger son de "soutt soutt", l'embrasse et le regarde avec amour, cet embrassement s'appelle "l'Enlacement du reptile". »

Il semble d'après cette description que Vatsyayana supposait que la femme serait plus petite que l'homme, ce qui était probablement aussi commun à l'époque que cela peut l'être aujourd'hui. Le « soutt soutt » auquel il fait allusion est une simple onomatopée évoquant le bruit d'un baiser.

LES CARESSES

La Stimulation du Désir masculin

« Le sujet tout entier de l'embrassement, dit le *Kama-sutra*, est de telle nature que les hommes qui s'en enquièrent, ou qui en entendent parler, ou qui en parlent, éprouvent par cela seul un désir de jouissance. Certains embrassements non mentionnés dans le *Kama-Shastra* [les Saintes Écritures du dieu Kama] doivent être néanmoins pratiqués au moment de la jouissance sexuelle, s'ils peuvent de façon ou d'autre procurer un accroissement d'amour. Les règles du *Shastra* sont applicables aussi longtemps que la passion de l'homme est moyenne ; mais une fois que la roue de l'amour a commencé de tourner, il n'y a plus ni suggestions ni ordres. »

L'Embrassement des Cuisses

« Lorsqu'un des deux amants presse avec force une des cuisses de l'autre, ou toutes les deux, contre la sienne ou les siennes, cela s'appelle "l'Embrassement des cuisses". »

Tout comme le simple rapprochement des cuisses, ce mouvement peut permettre aux amants d'entrer en contact avec les parties génitales de l'autre, augmentant ainsi l'excitation et le désir.

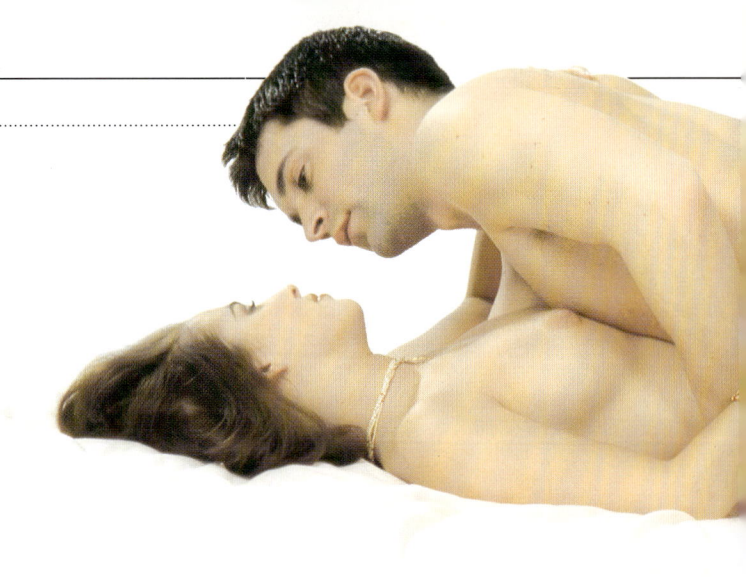

L'Embrassement du Jaghana

« Lorsque l'homme presse le jaghana ou partie médiane du corps de la femme contre le sien et monte sur elle, soit pour l'égratigner avec les ongles ou les doigts, soit pour la mordre, la frapper ou la baiser, la chevelure étant dénouée et flottante, cela s'appelle "l'Embrassement du jaghana". »

Le mot *jaghana* est le terme employé dans le *Kama-sutra* pour décrire la partie du corps comprise entre le nombril et les cuisses. Cette étreinte est évidemment un prélude au coït, mais la plupart des amants d'aujourd'hui se dispenseraient certainement des coups, griffures et morsures rituels que préconise Vatsyayana.

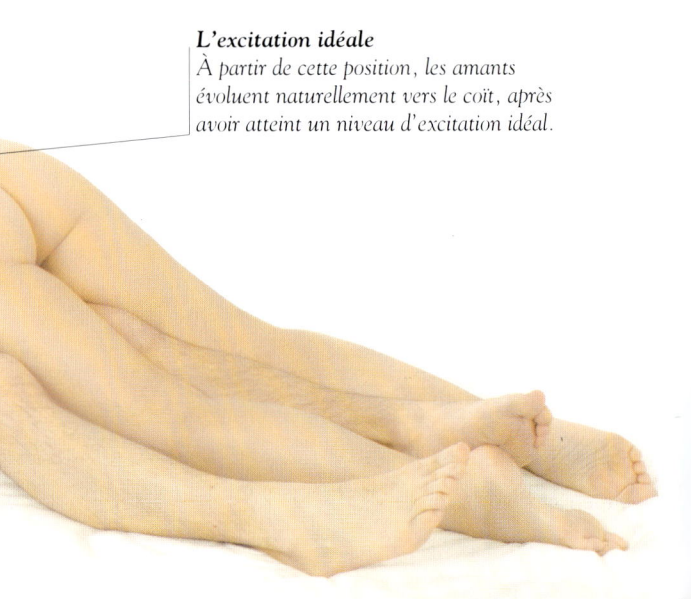

L'excitation idéale
À partir de cette position, les amants évoluent naturellement vers le coït, après avoir atteint un niveau d'excitation idéal.

L'EMBRASSEMENT

Le mouvement des reins
Glissez votre bassin contre le sien et alternez mouvements montants et circulaires.

L'EMBRASSEMENT DU FRONT

« *Lorsqu'un des amants applique sa bouche, ses yeux et son front sur la bouche, les yeux et le front de l'autre, cela s'appelle "l'Embrassement du front".* »

Se blottir l'un contre l'autre, tout particulièrement lorsqu'on y mêle des baisers, est un excellent moyen de créer intimité et confiance, tout en développant l'excitation.

L'EMBRASSEMENT DES SEINS

« *Lorsqu'un homme applique sa poitrine contre les seins d'une femme et l'y presse, cela s'appelle "l'Embrassement des seins".* »

Le contact intime des torses offre aux deux partenaires une stimulation des seins et propose une alternative intéressante aux caresses manuelles et orales habituelles.

LES CARESSES

LES SOINS MUTUELS

Si le *Kama-sutra* insiste sur l'importance de l'hygiène corporelle pour les amants, il ne dit rien des soins mutuels. Les différences culturelles sont certainement responsables de ce que certains considéreraient maintenant comme une omission : les amants peuvent trouver un grand plaisir à se préparer pour l'amour. Ces préparatifs peuvent inclure le fait de prendre ensemble un bain ou une douche, de raser le visage de l'homme, ou de laver, sécher et brosser les cheveux l'un de l'autre. Ces soins mutuels ne sont nullement un rituel indispensable, mais ils contribuent, en repoussant l'instant de la « consommation », à concentrer l'attention des deux partenaires sur leur attirance mutuelle et peuvent intensifier l'anticipation du plaisir. Ils encouragent également les sentiments de tendresse et de confiance et donnent à chacun l'occasion de se montrer attentif et protecteur envers l'autre. Cela peut aider à lever les inhibitions au début d'une relation, ou à renforcer les sentiments dans une relation plus ancienne.

La mousse à raser
Étalez une couche de mousse suffisante pour un rasage agréable et sans coupures.

LE RASER

Chose surprenante, le Kama-sutra recommande à l'homme de ne se raser qu'une fois tous les quatre jours. Mais à notre époque, même si une femme considère qu'une barbe de quelques jours donne un certain charme à son partenaire, il est fort probable qu'elle préférera éviter ce contact lorsqu'il l'embrassera. Elle peut alors envisager de le raser elle-même.

Le rasage n'est pas l'apanage des hommes, puisque de nombreuses femmes se rasent les jambes et les aisselles et que certaines se rasent le pubis. Si une femme décide de raser sa toison pubienne, elle devra le faire régulièrement, sinon la repousse irritera la peau de son partenaire.

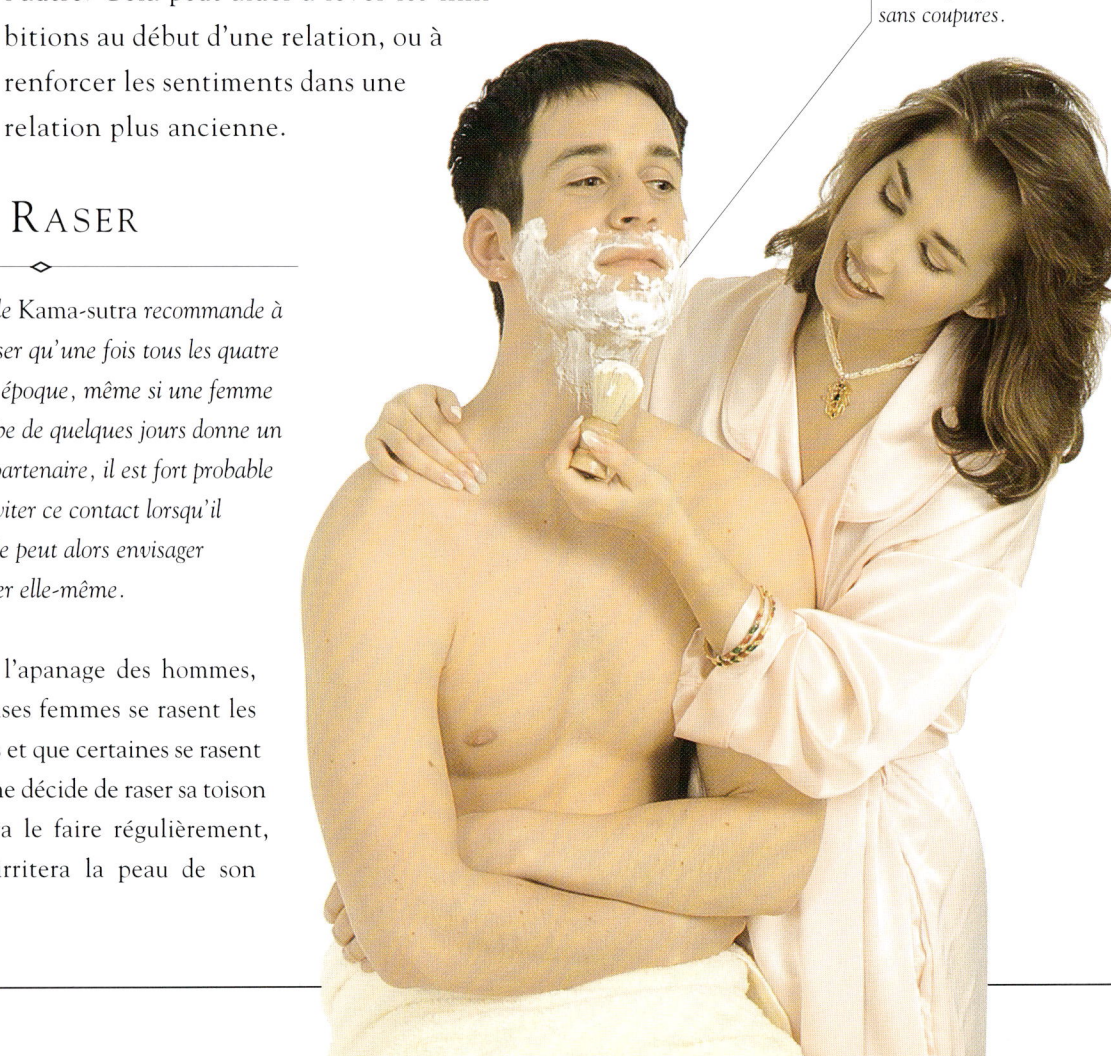

LES SOINS MUTUELS

LUI MASSER LE COU
Avant de laver les cheveux de votre partenaire, aidez-la à se détendre en lui massant doucement la nuque.

LUI LAVER LES CHEVEUX

Certains considèrent les ablutions comme une forme d'étreinte, mais Vatsyayana ne partage pas cet avis, au motif qu'on ne les fait pas pendant l'amour, ni pour les mêmes raisons. Pourtant, cette forme de soins mutuels est un excellent prélude à l'amour. Qu'il s'agisse simplement de laver les cheveux ou la totalité du corps, toutes les ablutions peuvent devenir une activité très intime lorsqu'elles sont partagées.

Les amants apprécient souvent de se savonner, de se baigner et de se sécher l'un l'autre avant d'aller au lit, même si cela est parfois un simple geste d'affection de la vie commune, qui ne mène pas toujours au sexe. C'est peut-être une situation qui rappelle l'enfance et le sentiment que quelqu'un s'occupe de soi, un geste à la fois rassurant et tendre.

LE MASSAGE SENSUEL

Le massage n'est pas décrit dans le *Kama-sutra*, mais il est depuis des millénaires apprécié pour sa capacité à effacer la fatigue et la tension. Pourtant, parce que nous associons le contact corporel au sexe, nous tendons à éviter de nous toucher, de peur d'être mal compris. Nous pouvons même, à tort, prêter cette tournure d'esprit à nos partenaires, de telle sorte que nous nous concentrons avec eux uniquement sur l'activité sexuelle, en évitant systématiquement des contacts plus sensuels. En ignorant le potentiel du massage, de nombreux amants laissent échapper une importante source de plaisir, ainsi qu'un excellent moyen de rendre le corps plus réceptif et plus détendu avant l'amour.

Qu'il soit ou non destiné à servir de prélude sexuel, le massage a pour but une relaxation maximale ; il doit donc être pratiqué dans une ambiance calme et paisible. Un grand lit au matelas ferme ou un drap sur le sol conviendront parfaitement. Placez des oreillers ou des coussins sous le cou, le bas du dos et les chevilles de votre partenaire. Assurez-vous d'une température agréable et d'un éclairage tamisé et veillez à ne pas être dérangés. Vous pouvez appliquer ces techniques de massage individuellement, en combiner deux ou plusieurs ou encore les réaliser toutes en partant des pieds pour arriver à la tête.

LE MASSAGE SENSUEL

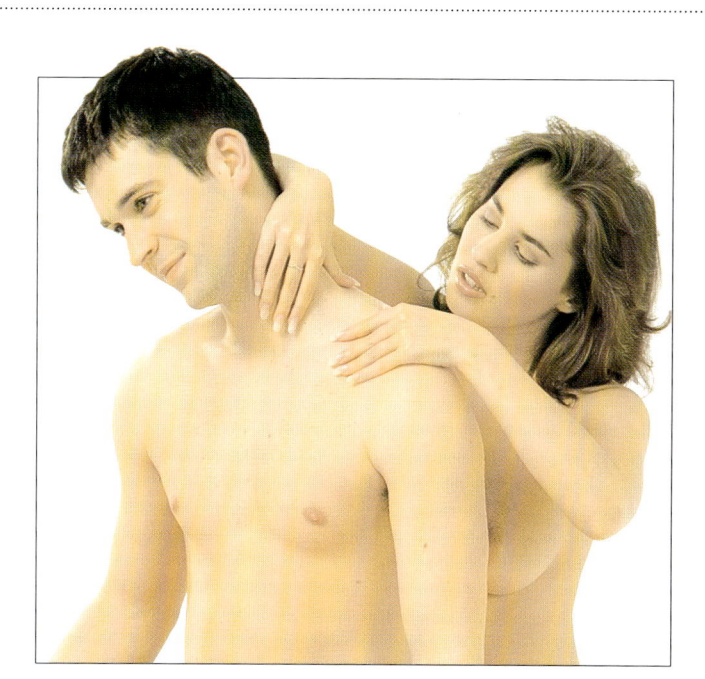

Épaules et Tête

Massez le devant des épaules, les côtés du cou, les joues et la mâchoire, puis les tempes et enfin le front. Faites glisser doucement vos doigts sur le menton, autour et sur les lèvres, les paupières et le nez qui devraient tous être maintenant agréablement sensibilisés. De nombreuses personnes apprécient également de se faire masser le sommet du crâne, ce qui se fait comme on se lave les cheveux.

Dos et Reins

Massez le dos par pressions érotiques et délicates, en remontant depuis les reins, les mains étendues et parallèles l'une l'autre, les pouces appuyés sur la colonne vertébrale. Continuez jusqu'à la nuque, puis suivez les épaules, avant de ramener doucement vos mains par les côtés jusqu'aux fesses. Répétez ce massage une dizaine de fois, ou plus si votre partenaire le désire.

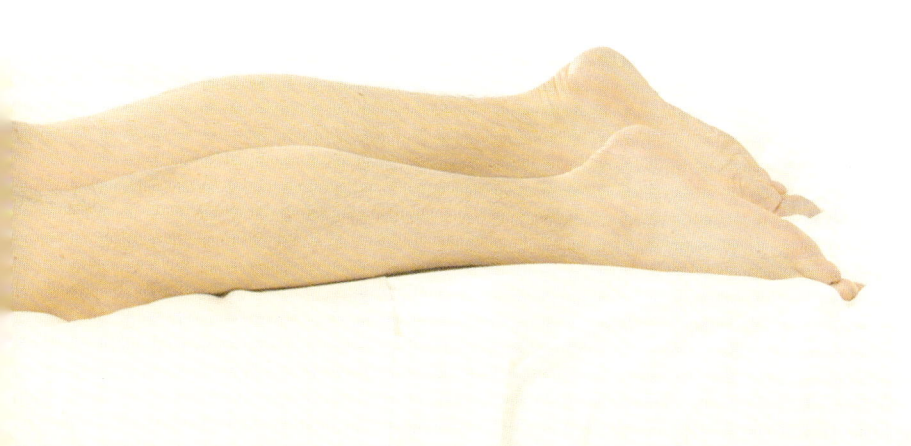

Les Mouvements de Base

Vous pouvez apprendre les bases du massage très rapidement et tous ces mouvements sont recommandés.

Effleurage
Faites glisser la paume de vos mains sur la peau en utilisant le poids de votre corps. Ceci doit être fait en premier et en dernier sur chaque zone massée.

Malaxage
Les mains légèrement incurvées, malaxez les chairs d'un mouvement doux et régulier.

Pétrissage
Répétez de petits mouvements circulaires de la pointe des doigts ou des pouces pour effacer toute tension musculaire le long de la colonne vertébrale, mais ne massez pas la colonne elle-même.

Martelage
Donnez des séries de petits coups secs du tranchant des mains, comme au karaté, mais plus doucement. Gardez les doigts souples plutôt que serrés.

Tapotement
On peut tapoter des doigts les mains tendues, comme on frapperait un tambour, ou du bout des doigts réunis en bec, le pouce rejoignant les quatre autres doigts.

Quels que soient les techniques et mouvements que vous utiliserez, assurez-vous que vos gestes resteront égaux, rythmés et symétriques et se suivront en une séquence appropriée. Utilisez toujours une huile adéquate (*cf.* p. 37) et mettez-vous d'abord d'accord avec votre partenaire sur la pression qui doit être appliquée, l'expérience devant être agréable pour tous deux. Il est également préférable pour la durée du massage d'oublier ses propres besoins et de se concentrer sur le plaisir de son partenaire. En faisant cela, vous pourrez donner et recevoir pleinement du plaisir.

◆ LES CARESSES

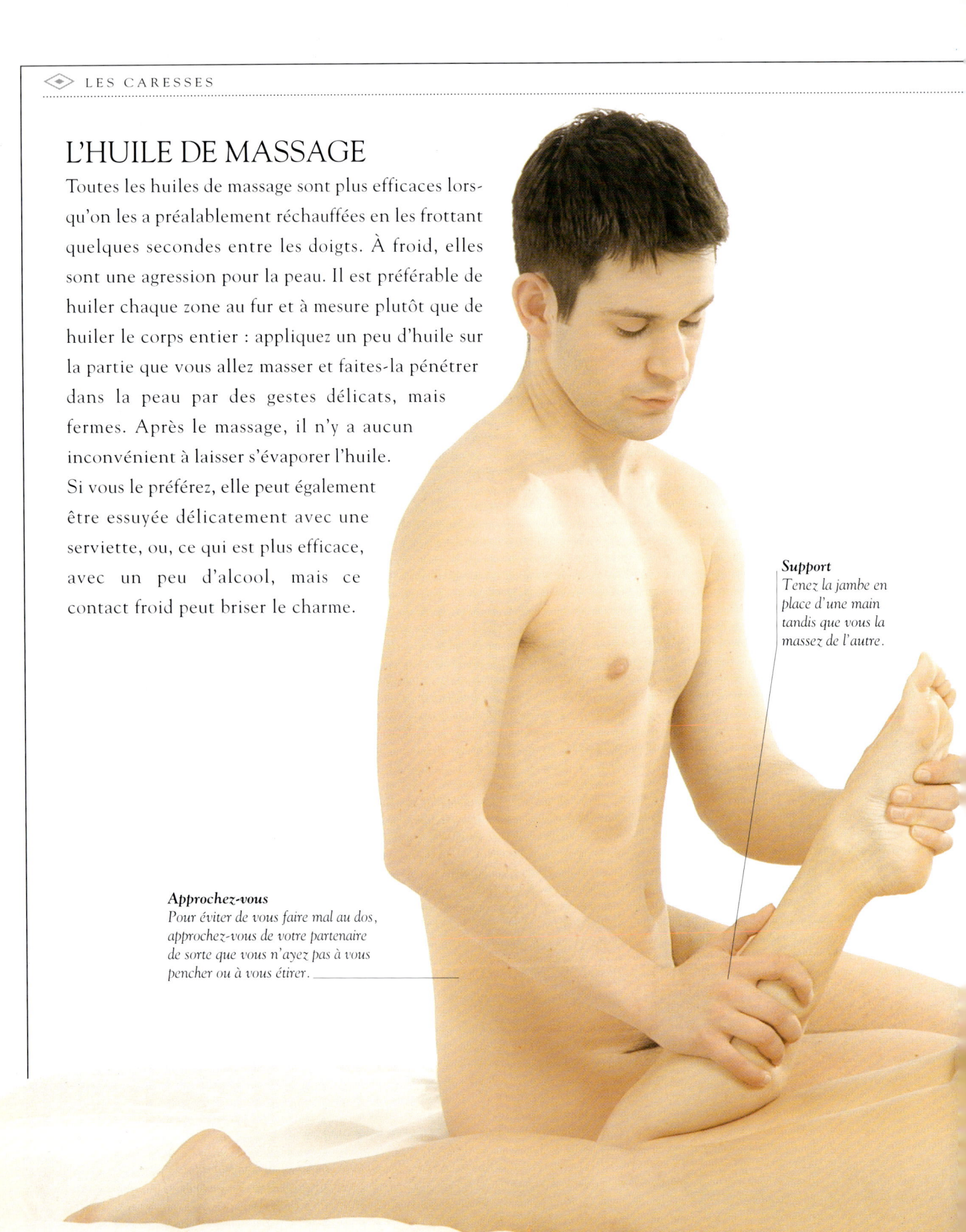

L'HUILE DE MASSAGE

Toutes les huiles de massage sont plus efficaces lorsqu'on les a préalablement réchauffées en les frottant quelques secondes entre les doigts. À froid, elles sont une agression pour la peau. Il est préférable de huiler chaque zone au fur et à mesure plutôt que de huiler le corps entier : appliquez un peu d'huile sur la partie que vous allez masser et faites-la pénétrer dans la peau par des gestes délicats, mais fermes. Après le massage, il n'y a aucun inconvénient à laisser s'évaporer l'huile. Si vous le préférez, elle peut également être essuyée délicatement avec une serviette, ou, ce qui est plus efficace, avec un peu d'alcool, mais ce contact froid peut briser le charme.

Support
Tenez la jambe en place d'une main tandis que vous la massez de l'autre.

Approchez-vous
Pour éviter de vous faire mal au dos, approchez-vous de votre partenaire de sorte que vous n'ayez pas à vous pencher ou à vous étirer.

LE MASSAGE SENSUEL

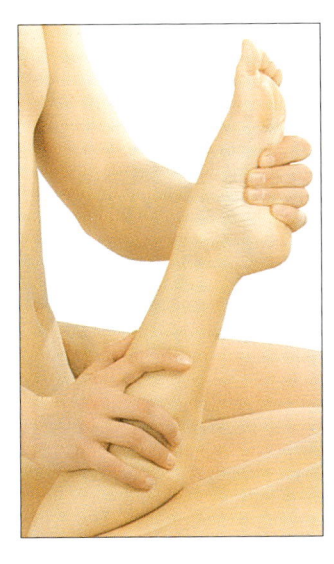

MOUVEMENT DESCENDANT
Faites glisser doucement votre main de la cheville vers le genou et serrez le muscle du mollet du bout des doigts.

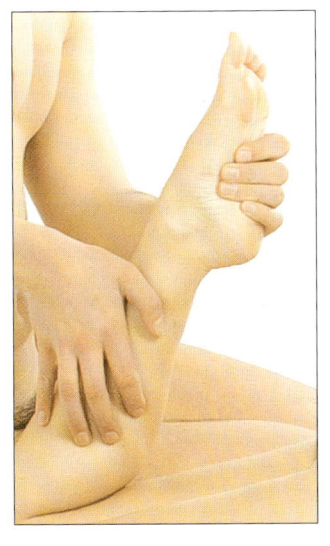

MOUVEMENT MONTANT
Massez de la même façon que précédemment, mais en ramenant votre main du genou vers la cheville.

PIEDS ET JAMBES

Votre partenaire étant étendue sur le ventre, commencez par lui masser les orteils, avant de frotter doucement l'espace qui les sépare. Appliquez ensuite fermement la paume de vos mains sur la plante des pieds, puis sur le dessus. Levez chaque jambe l'une après l'autre et faites délicatement tourner chaque pied sur sa cheville à plusieurs reprises, jusqu'à ce qu'il soit complètement détendu. Remontez ensuite le long de la jambe en massant les chevilles, les mollets, l'intérieur du genou et le dessous des cuisses.

Position
Masser les mollets, les chevilles et les pieds de votre partenaire est plus facile si elle est étendue sur le ventre.

HUILES DE MASSAGE ET ADDITIFS

Vous pouvez masser votre partenaire à sec, mais vos mouvements seront plus souples, en particulier pour les débutants, si vous utilisez de l'huile de massage ou des lotions. Il existe un grand nombre d'huiles adéquates, la plupart tirées de noix (particulièrement la noix de coco) et autres oléagineux. Les huiles simples (amande, olive, tournesol) peuvent être appliquées directement sur la peau, ou préalablement parfumées au patchouli, au bois de santal, à l'ylang-ylang, au jasmin ou à la rose. Une douzaine de gouttes d'essence parfumée mêlées à 30 ml d'huile devraient suffire pour un massage.

Flacons d'huile de massage.

◆ LES CARESSES

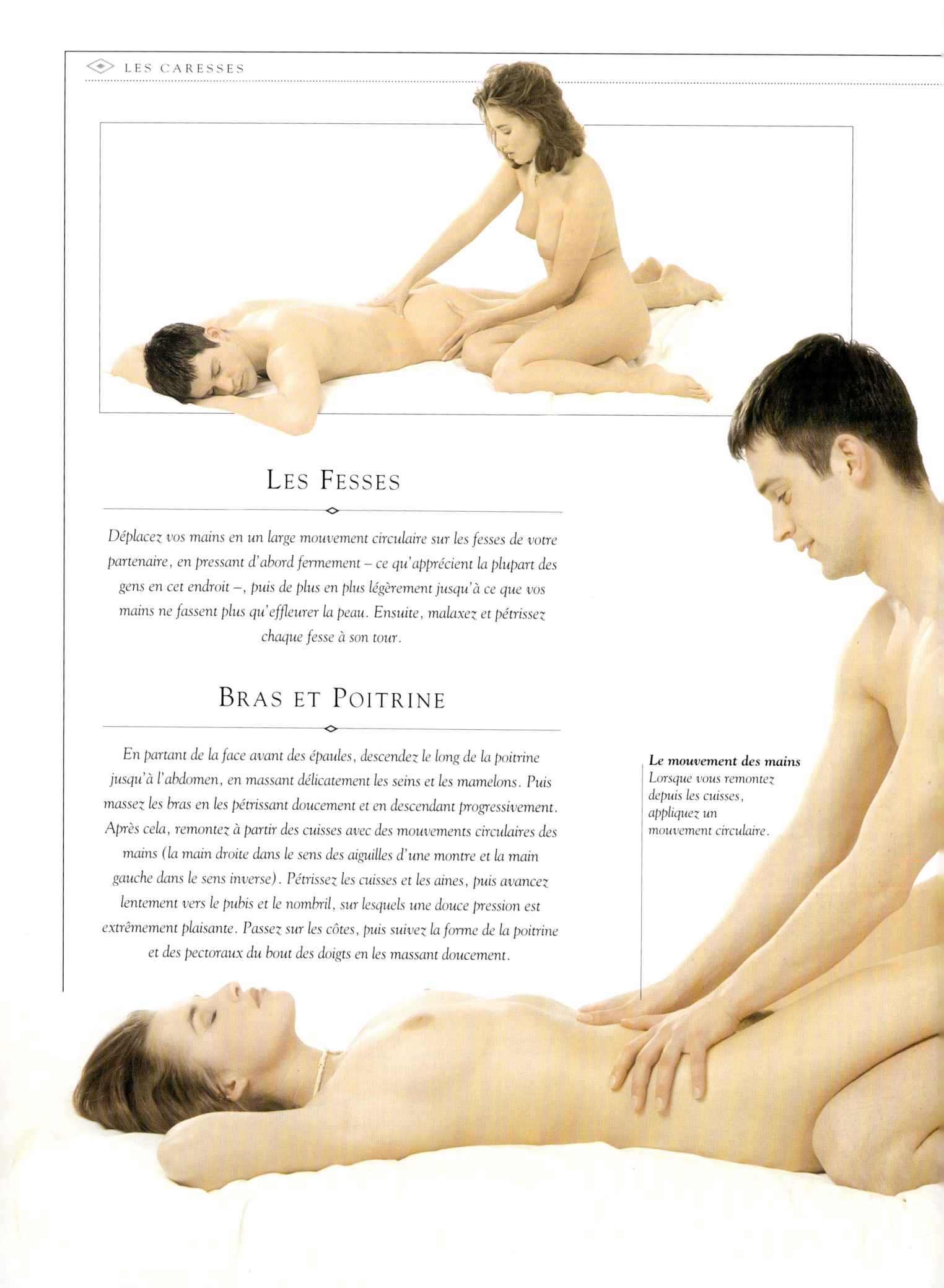

LES FESSES

◆

Déplacez vos mains en un large mouvement circulaire sur les fesses de votre partenaire, en pressant d'abord fermement – ce qu'apprécient la plupart des gens en cet endroit –, puis de plus en plus légèrement jusqu'à ce que vos mains ne fassent plus qu'effleurer la peau. Ensuite, malaxez et pétrissez chaque fesse à son tour.

BRAS ET POITRINE

◆

En partant de la face avant des épaules, descendez le long de la poitrine jusqu'à l'abdomen, en massant délicatement les seins et les mamelons. Puis massez les bras en les pétrissant doucement et en descendant progressivement. Après cela, remontez à partir des cuisses avec des mouvements circulaires des mains (la main droite dans le sens des aiguilles d'une montre et la main gauche dans le sens inverse). Pétrissez les cuisses et les aines, puis avancez lentement vers le pubis et le nombril, sur lesquels une douce pression est extrêmement plaisante. Passez sur les côtes, puis suivez la forme de la poitrine et des pectoraux du bout des doigts en les massant doucement.

Le mouvement des mains
Lorsque vous remontez depuis les cuisses, appliquez un mouvement circulaire.

LE MASSAGE SENSUEL

LE MASSAGE EN TANT QUE PRÉLUDE SEXUEL

Vous ferez mieux l'amour si votre corps a été détendu par un massage, mais si vous désirez utiliser le massage pour exciter plutôt que pour relaxer, alors il est préférable d'abandonner les mouvements les plus vigoureux pour leur préférer des gestes plus doux. Par exemple, tracer une ligne répétée du bout du doigt en travers de la poitrine et des mamelons, ou sur le bas de l'abdomen, peut être bien plus excitant que les mouvements sans équivoque du massage traditionnel.

De nombreuses autres zones sont sensibles à une caresse répétée et légère, dont les lobes des oreilles, les côtés du cou et la nuque, l'intérieur des bras et des cuisses, le nombril, les fesses, les mollets et les orteils. Il n'est pas nécessaire de se limiter à l'usage des mains : étendez-vous sur votre partenaire et frottez votre corps contre le sien, ou servez-vous de vos pieds pour explorer des régions inhabituelles et découvrir des sensations nouvelles. Lorsque la bonne alchimie existe dans un couple, presque toutes les parties du corps deviennent sensibles aux caresses érotiques de l'autre et peuvent être stimulées pour augmenter le plaisir et l'anticipation.

DOS ET ÉPAULES

Lorsque vous massez le haut du dos, agissez sur les muscles entre les omoplates et à la base du cou. Puis redescendez les mains en massant les côtés de votre partenaire du bout des doigts. Malaxez les épaules puis, en réduisant la pression, la nuque.

LES GRIFFURES

S'il reconnaît que les amants utilisent leurs ongles pour exprimer leur passion lorsqu'ils se rencontrent ou se séparent, ou lorsqu'ils se réconcilient après une dispute, le *Kama-sutra* en réserve l'usage durant l'amour à ceux qui y trouvent plaisir. Dans l'Inde du *Kama-sutra*, tout comme dans d'autres cultures plus anciennes ou plus modernes, les marques de passion sur la poitrine ou sur la gorge d'une jeune femme servaient à annoncer au monde qu'elle était aimée. De telles marques provoquaient l'admiration, explique Vatsyayana, à tel point que « lorsqu'un étranger [apercevait], même de loin, une jeune femme avec des marques d'ongles sur les seins, il [était] saisi pour elle d'amour et de respect ». Il en allait de même pour un homme portant des marques de griffures. Celles-ci étaient également échangées, selon le *Kama-sutra*, lorsque les amants devaient être un temps séparés : « S'il n'y a pas de marques d'ongles pour rappeler à une personne le passage de l'amour, alors l'amour diminue comme il arrive lorsqu'on laisse passer un long temps sans qu'il y ait d'union. » Les épouses, en revanche, ne doivent pas porter de telles marques visibles, même s'il reste pour elles acceptable de se les voir imprimer sur leurs parties secrètes. « Bref, conclut Vatsyayana, rien n'est plus puissant pour accroître l'amour que les marques d'ongles ou de morsure. »

La pression des ongles
Appuyez assez fort pour imprimer une marque, mais sans aller jusqu'à couper la peau.

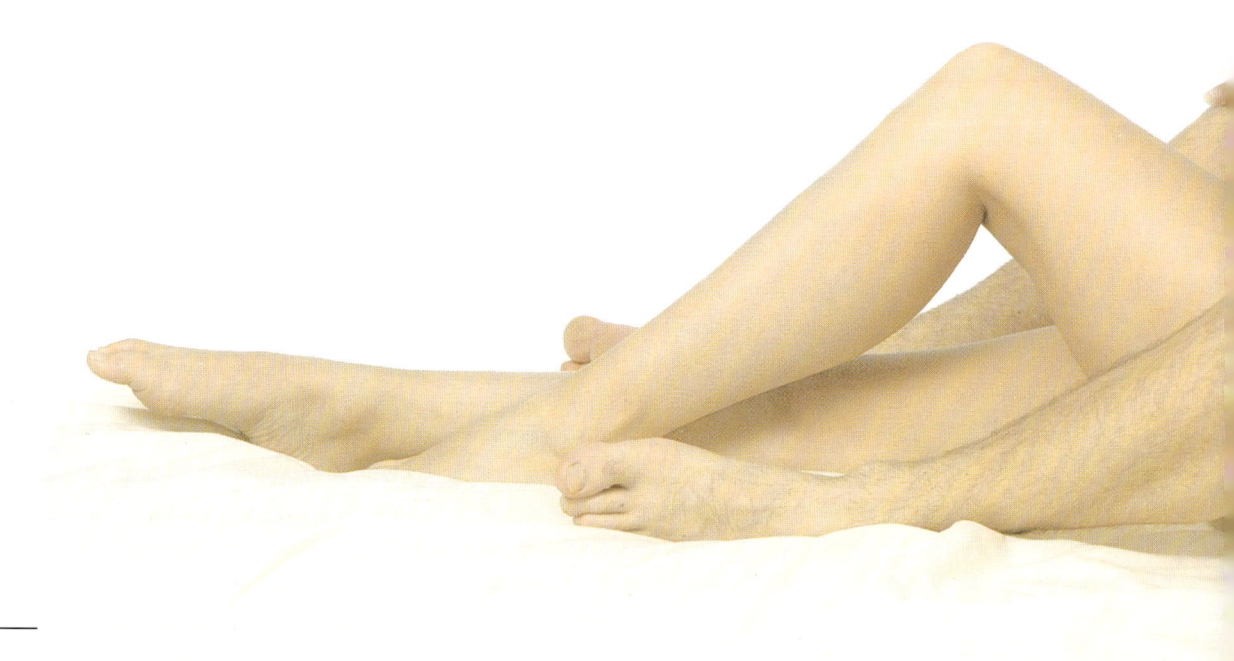

Les Griffures

S'il est loin de suggérer que les griffures plaisent à tous les partenaires, il est évident que le Kama-sutra les voit comme une addition utile à la panoplie de l'amant.

Si ces marques de passion sont dues à l'amour et non à la cruauté ou à la colère, les deux partenaires peuvent parfois les trouver agréables.

Les Coups Rituels de l'Amour

Le *Kama-sutra* décrit diverses manières de donner des coups rituels et indolores qui peuvent permettre aux deux amants d'exprimer leurs sentiments et d'augmenter leur excitation avant et pendant l'amour. Quatre types de coups sont envisagés : avec le dos de la main, avec les doigts un peu contractés, avec le poing et avec la paume de la main. Ces coups sont plus efficaces sur les épaules, la tête, l'espace entre les seins, le dos, la partie médiane du corps et les côtés.

Les amants actuels peuvent spontanément se donner des coups légers, mais la violence est taboue dans notre société – les gens en ont peur, à juste titre. Et même si le Kama-sutra énonce que les femmes doivent rendre les coups, nos *contemporaines sont effrayées et révulsées par un tel comportement. Ceux qui apprécient une violence rituelle sont condamnés, voire ridiculisés quasi unanimement. Mais les amateurs de fessées, par exemple, vous diront qu'un tel geste n'est absolument pas douloureux. Il ne provoque qu'une brève et légère stimulation et peut, par sa répétition, amener à une forte excitation. La violence rituelle a également une dimension émotionnelle. Parce que le fait de frapper quelqu'un, quel qu'en soit l'aspect rituel, est une agression, certains considèrent qu'un geste artificiellement agressif est en soi assez provocateur pour déclencher une émotion, vous forcer à répondre et mener à un faux combat. Cela fait monter le taux d'adrénaline et peut participer à l'excitation.*

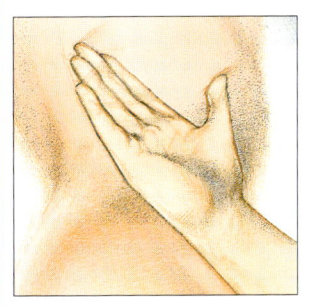

Avec le dos de la main

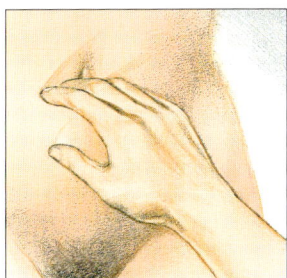

Avec les doigts

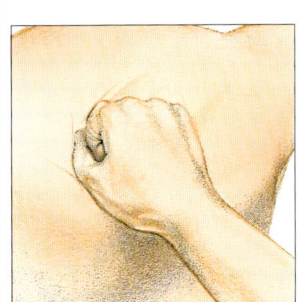

Avec le poing

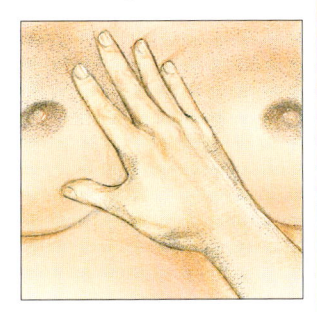

Avec la paume de la main

LES CARESSES

Les Cheveux

Le *Kama-sutra* reconnaît l'éternelle fascination qu'exerce sur l'homme la chevelure féminine, énonçant que l'amante doit, dans les arts qu'il lui est nécessaire d'apprendre, maîtriser celui « d'imprégner ses cheveux de pommades et parfums et les tresser. » Cette attraction devient réciproque lorsque l'homme, en les flattant et les caressant, stimule chez sa compagne le désir, qu'il s'emploie ensuite à satisfaire. À l'époque de Vatsyayana, les cheveux longs étaient aussi courants chez les hommes que chez les femmes. Aujourd'hui, tout comme à cette époque, les cheveux peuvent être un élément important des jeux amoureux. Les poils pubiens peuvent eux aussi participer aux préliminaires et sont, pour des amants, annonciateurs tant par leur vue que par leur contact d'une relation sexuelle imminente. Mais jouer avec les poils pubiens de l'autre n'est pas un plaisir réservé aux préliminaires et peut, après l'amour, être tout autant un signe de tendresse qu'une indication de l'envie de recommencer. Les poils doivent être touchés avec douceur, caressés plutôt que tirés.

Un Contact Léger

Lorsqu'ils sont longs, les cheveux d'une femme peuvent tomber de façon charmante sur son visage et ses seins et frôler sensuellement le corps nu de son partenaire. S'ils sont très longs, elle peut même envelopper les épaules ou la poitrine de celui-ci. Et si elle est au-dessus, elle peut les utiliser pour caresser tout son corps, y compris son pénis, augmentant l'excitation et le désir de son partenaire pour elle.

Un contact contrôlé
Écartez votre corps du sien, de façon à ce que seuls les cheveux touchent sa peau.

Découvrir la Nuque

Des cheveux propres et doux peuvent être un puissant aphrodisiaque, invitant les amants à en jouer et à y plonger leurs doigts. Leur texture et leur éclat sont en eux-mêmes attirants, mais lorsqu'ils sont soulevés pour révéler une nuque tendre et délicate, la joie est encore plus grande.

Un homme choisira parfois cette façon de révéler son désir à une femme et les connotations animales d'une approche par l'arrière offrent souvent une excitation supplémentaire pour les deux partenaires.

Le Plaisir Tactile

Le sens du toucher est l'un des éléments les plus importants de la relation amoureuse ; en plongeant ses doigts dans les cheveux de son partenaire et en le laissant jouer avec les siens, la femme augmente le plaisir tactile des deux amants.

Les amants peuvent aller plus loin en se brossant les cheveux l'un l'autre, ou en se massant doucement le cuir chevelu.

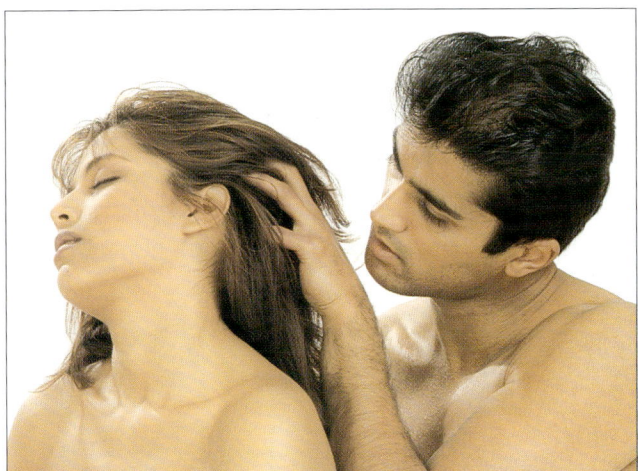

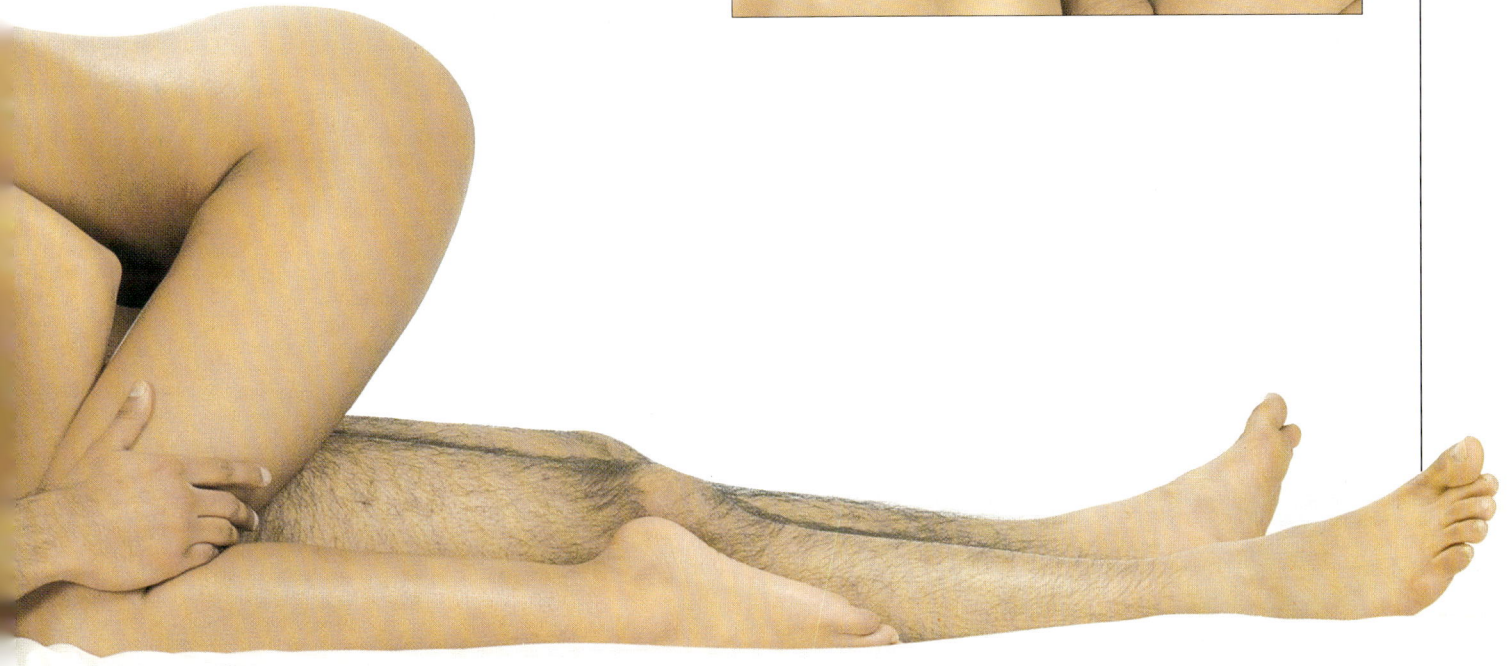

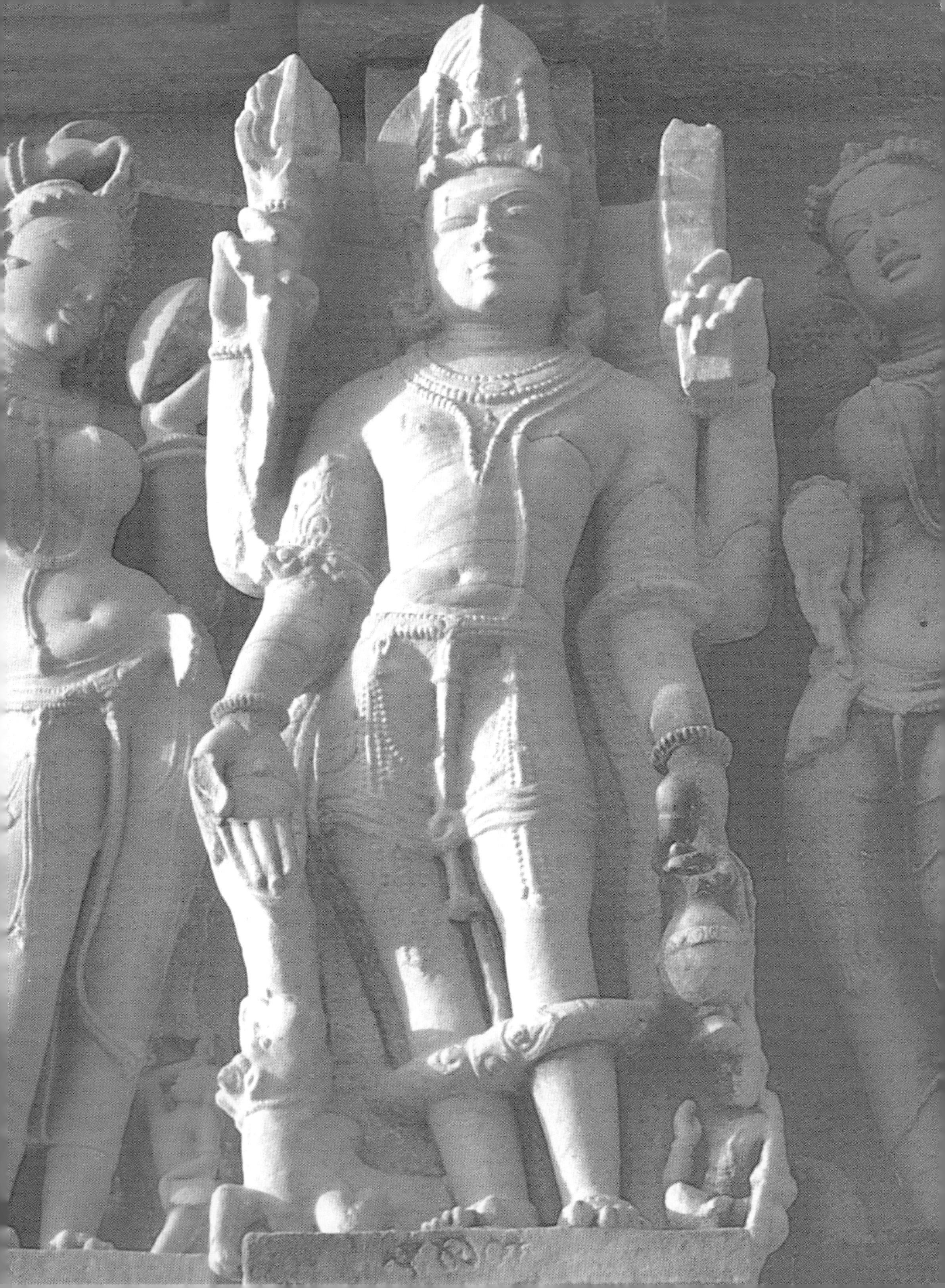

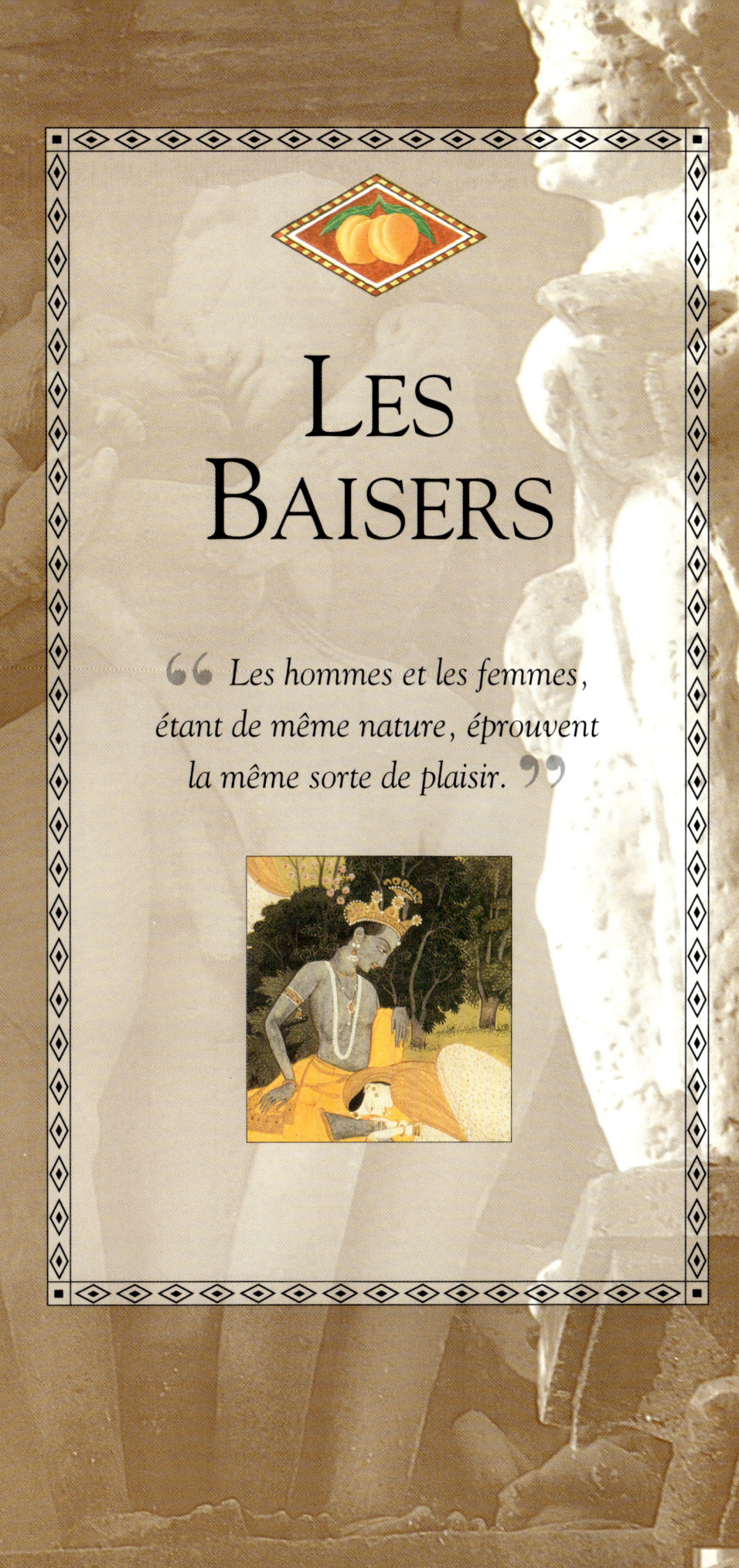

Les Baisers

“ *Les hommes et les femmes, étant de même nature, éprouvent la même sorte de plaisir.* ”

Le Baiser

La bouche est l'une des parties du corps les plus sensibles et l'une des plus versatiles : les lèvres et la langue peuvent embrasser, lécher, sucer, caresser et mordiller n'importe quelle partie du corps de votre partenaire. Embrasser est un art en soi et le *Kama-sutra* en reconnaît la puissance en décrivant en détail les différentes formes de baisers et le moment et l'endroit où chacun d'eux est approprié. Quelle que soit son intensité, un baiser sur les lèvres combine les sens de l'odorat, du goût et du toucher, entraînant une forte réaction émotionnelle. Les baisers vont d'un contact rapide et superficiel à une profonde pénétration de la langue, le rythme de celle-ci étant complémentaire et parallèle à celui du coït. Il existe entre ces deux extrêmes de nombreuses variations de baisers soigneusement recensées par le *Kama-sutra*, peut-être parce que cet art était aussi sous-estimé à cette époque qu'il l'est maintenant.

Le Baiser Penché

Le Baiser penché du Kama-sutra est ce qui se produit « lorsque les têtes des deux amants sont penchées l'une vers l'autre et que, dans cette position, ils se donnent un baiser. »

L'une des façons les plus naturelles d'embrasser votre amant est d'avoir la tête un peu penchée sur le côté, ce qui permet un contact maximal des lèvres et une profonde pénétration de la langue. C'est un superbe moyen d'exprimer sa passion durant les préliminaires et d'augmenter le plaisir du coït.

Le Baiser Tourné

« Lorsque l'un d'eux fait tourner le visage de l'autre en lui prenant la tête et le menton et lui donne alors un baiser, dit le Kama-sutra, cela s'appelle un "Baiser tourné". »

La douceur et la tendresse sont les principaux sentiments exprimés par ce type de baiser, qui est un excellent début aux préliminaires et un bon accompagnement lorsque l'on fait l'amour lentement, assis face à face ou debout.

LE BAISER DROIT

Le Baiser droit est le nom que donne le *Kama-sutra* au baiser dans lequel « *les lèvres de deux amants sont directement mises en contact les unes avec les autres.* »

Lorsque des amants s'embrassent ainsi, les têtes presque droites, il est peu aisé de faire pénétrer la langue. Le baiser droit n'est donc pas un moyen d'exprimer une passion intense, mais plutôt une façon douce de montrer son affection, ou le début de la montée de son désir. C'est le type de baiser que les nouveaux amants utilisent dans les premiers temps de leur relation amoureuse et les premières approches de leur relation sexuelle.

Utilisez vos mains
Lorsque vous embrassez, accompagnez vos baisers de caresses délicates sur le corps de votre partenaire.

LE BAISER PRESSÉ

Il existe deux variantes de ce baiser. La première, c'est lorsque « la lèvre inférieure est pressée avec force ». La seconde, illustrée ici, est « le Baiser fortement pressé », dans laquelle l'un des amants tient la lèvre inférieure entre deux doigts, puis, après l'avoir touchée avec la langue, l'embrasse avec force.

Ce ne sont pas vraiment des baisers, mais plutôt des préludes érotiques au baiser.

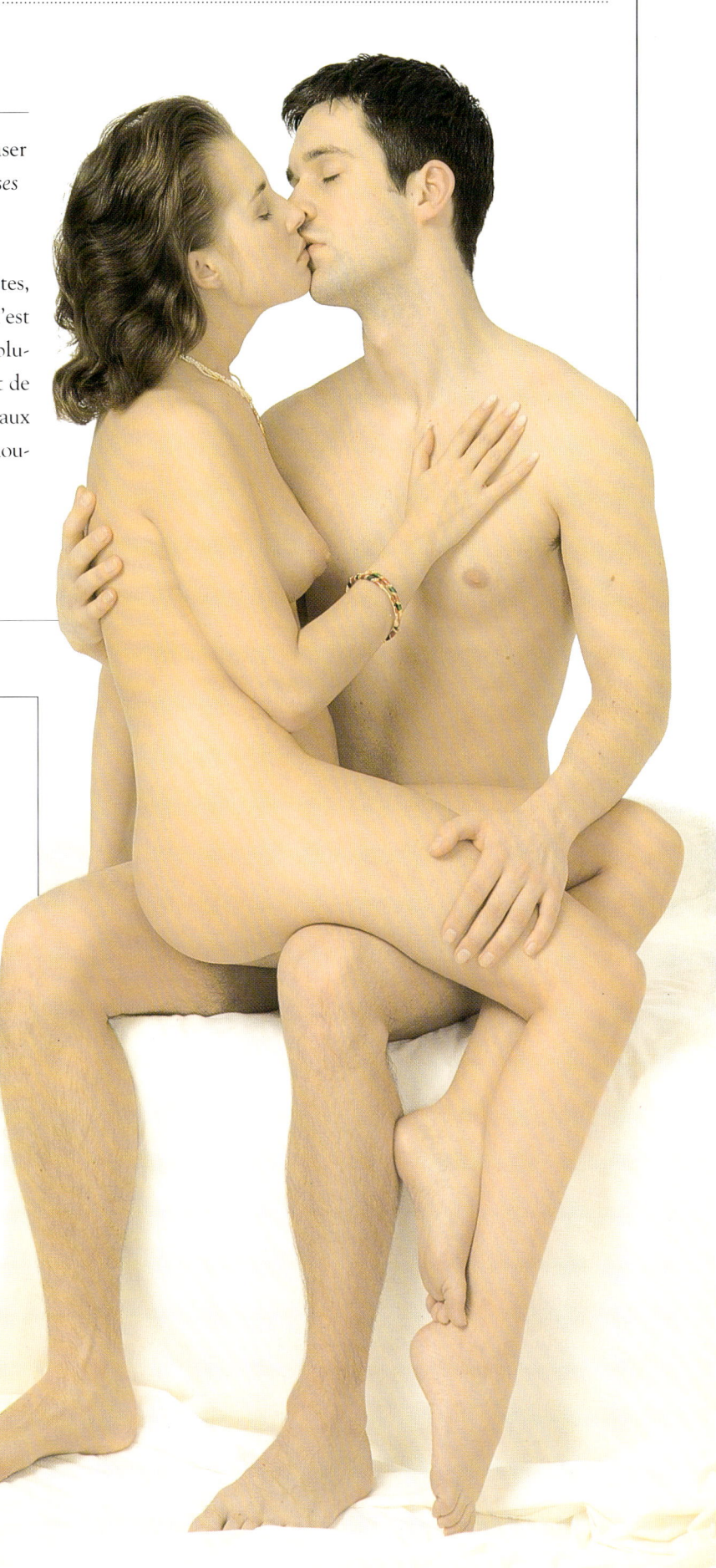

LES BAISERS

LE BAISER DE LA LÈVRE SUPÉRIEURE

Pour plus de sensualité
Vous pouvez rendre ce baiser plus sensuel en alternant la lèvre que vous embrassez.

D'après Vatsyayana, « lorsqu'un homme embrasse la lèvre supérieure d'une femme et que celle-ci, en retour, embrasse la lèvre inférieure de son amant, cela s'appelle le "Baiser de la lèvre supérieure". »

Dans la description de Vatsyayana, la femme rend le baiser de l'homme, qui en avait pris l'initiative et le baiser se réfère à la lèvre supérieure alors qu'il aurait pu tout aussi bien s'appeler « Baiser de la lèvre inférieure ». Mais un peu plus loin dans sa description des baisers, Vatsyayana énonce clairement que la femme peut elle aussi en prendre l'initiative. Ce principe s'applique à tous les actes de l'amour : les femmes ne doivent pas craindre de faire le premier pas.

Positions
Comme la plupart des baisers, celui-ci peut être donné dans la position debout, assise ou couchée.

LE BAISER

" *Toute chose, quelle qu'elle soit, que l'un des amants fait à l'autre, celui-ci doit la lui rendre.* "

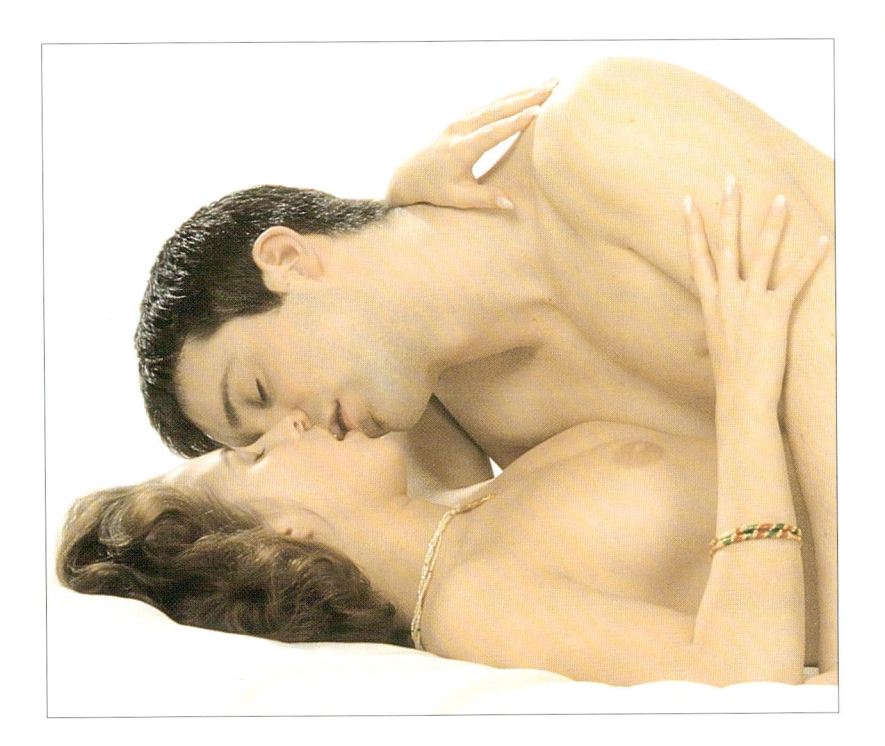

Le Baiser Serrant

Lorsque soit l'homme, soit la femme « prend entre ses lèvres les deux lèvres de l'autre, cela s'appelle un "Baiser serrant". Mais ce baiser n'est pris par une femme que sur un homme sans moustaches. Et si, à l'occasion de ce baiser, l'un des amants touche avec sa langue les dents, la langue et le palais de l'autre, cela s'appelle "le combat de la langue". Il y a lieu de pratiquer, de la même manière, la pression des dents de l'un contre la bouche de l'autre ».

Le *Kama-sutra* décrit ici l'usage de la langue et énonce clairement que tant l'homme que la femme peuvent en prendre l'initiative. Pour ce type de baiser, l'hygiène buccale est évidemment primordiale.

S'IL S'AGIT D'UNE JEUNE FILLE

Dans le chapitre sur les baisers, Vatsyayana dit que lorsqu'un couple fait l'amour pour la première fois, les baisers doivent être modérés et ne pas durer trop longtemps. Il énonce ensuite les endroits qui doivent être embrassés et décrit trois types de baisers qu'une jeune fille peut donner à son partenaire. Les zones qui peuvent être embrassées sont, dit-il, « le front, les yeux, les joues, la gorge, la poitrine, les seins, les lèvres et l'intérieur de la bouche. Les gens du pays de Lat baisent aussi les endroits suivants : les jointures des cuisses, les bras et le nombril ».

Il semble en revanche réservé sur les habitudes des habitants du pays de Lat, puisqu'il poursuit ainsi : « Mais Vatsyayana est d'avis que, si ces gens pratiquent ainsi le baiser par excès d'amour et conformément aux coutumes de leur province, il n'est pas convenable à tous de les imiter. »

Il appelle les baisers des jeunes filles le Baiser nominal, le Baiser palpitant et le Baiser touchant et les décrit ainsi :

Le Baiser nominal
« Lorsqu'une fille touche seulement la bouche de son amant avec la sienne, mais sans rien faire elle-même, cela s'appelle le "Baiser nominal". »

Le Baiser palpitant
« Lorsqu'une fille, mettant un peu de côté sa pudeur, veut toucher la lèvre qui presse sa bouche et, à cette fin, fait mouvoir sa lèvre inférieure, mais non la supérieure, cela s'appelle le "Baiser palpitant". »

Le Baiser touchant
« Lorsqu'une fille touche la lèvre de son amant avec sa langue et, fermant les yeux, met ses mains dans celles de son amant, cela s'appelle le "Baiser touchant". »

49

LES BAISERS

LE BAISER QUI ATTISE L'AMOUR

Comme son nom le suggère, c'est un baiser qu'une femme d'humeur amoureuse peut utiliser pour stimuler son partenaire endormi : « Lorsqu'une femme regarde le visage de son amant pendant son sommeil et l'embrasse pour montrer son intention ou désir, cela s'appelle un "Baiser qui attise l'amour". »

D'après cette description et celle du Baiser qui éveille, il semble clair que Vatsyayana n'avait aucune objection à ce que la femme prenne l'initiative de l'acte sexuel. Près de deux mille ans plus tard, pourtant, de nombreux hommes trouvent encore cette éventualité difficile à accepter. Mais l'usage de baisers délicats est souvent un moyen souverain d'éveiller votre amant et de le stimuler, en particulier le matin. Son efficacité lorsqu'il s'est endormi après avoir fait l'amour est un tout autre problème.

LE BAISER QUI ÉVEILLE

Cette version du Baiser qui attise l'amour est cette fois destinée à l'homme : « Lorsqu'un amant, rentré tard la nuit, embrasse sa maîtresse endormie sur son lit afin de lui montrer son désir, cela s'appelle un "Baiser qui éveille". En pareille occasion, la femme peut faire semblant de dormir à l'arrivée de son amant, de sorte qu'elle puisse connaître son intention et obtenir son respect. »

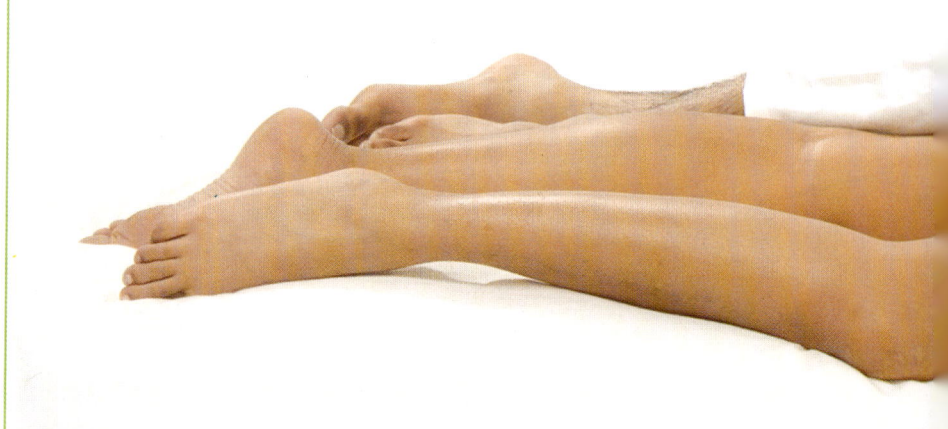

LE JEU DU BAISER

Le *Kama-sutra* décrit un jeu auquel les amants peuvent se livrer : « En matière de baiser, on peut jouer à qui s'emparera le premier des lèvres de l'autre. Si la femme perd, elle fera mine de pleurer, écartera son amant en battant des mains, lui tournera le dos et lui cherchera querelle en disant : "Donne-moi la revanche." Si elle perd une seconde fois, elle paraîtra doublement affligée ; et lorsque son amant sera distrait ou endormi, elle s'emparera de sa lèvre inférieure et la tiendra entre ses dents, de façon qu'elle ne puisse s'échapper ; puis elle éclatera de rire, fera grand bruit, se moquera de lui, dansera tout autour et dira ce qui lui passera par la tête, en remuant les sourcils et roulant les yeux. Tels sont les jeux et les querelles qui accompagnent le baiser, mais on peut les associer aussi à la pression ou égratignure avec les ongles et les doigts, à la morsure et aux coups. »

LE BAISER

LE BAISER
QUI DISTRAIT

D'après le Kama-sutra, « Lorsqu'une femme embrasse son amant pendant qu'il est en affaires, ou qu'il la querelle, ou qu'il regarde quelque autre chose, de façon à distraire son esprit, cela s'appelle un "Baiser qui distrait". »

Un baiser long et chaleureux peut détourner votre amant de ses préoccupations extérieures et lui donner envie de faire l'amour. Si votre partenaire considère que son rôle doit être actif et qu'il lui est difficile de vous laisser simplement lui donner du plaisir, vous pouvez vaincre ses résistances en faisant suivre vos baisers d'un massage. Passez ensuite à une activité plus directement sexuelle, comme de caresser ses parties génitales avec la main ou la langue, et toute velléité de résistance de sa part s'envolera.

Utilisez vos mains
Accompagnez vos baisers de douces caresses.

Où embrasser
Embrassez délicatement son cou, ses oreilles, son dos, ses joues et ses lèvres.

◆ LES BAISERS

EMBRASSER LE CORPS

Si les lèvres et les seins sont particulièrement sensibles au contact de la bouche, les autres parties du corps, y compris les membres, sont elles aussi réceptives aux baisers ; en général, plus on s'approche des parties génitales, plus le plaisir est intense et irrésistible. Il n'est pas nécessaire que l'un des partenaires reste passif, puisque tous deux peuvent apprécier ces baisers en même temps, en particulier s'ils sont couchés tête-bêche. Le *Kama-sutra*, sans donner de détails, dit que selon l'endroit embrassé, les baisers doivent varier en intensité et seront modérés, contractés, pressés ou délicats.

LES SEINS

Les baisers les plus efficaces sont ceux qui sont appliqués délicatement à la plénitude du sein, les mamelons pouvant être doucement sucés ou mordillés. Les mamelons méritent une attention particulière, car leur stimulation est très excitante.

L'amant attentionné consacre un temps considérable à flatter, caresser et embrasser les seins de sa partenaire, car cela provoque chez la plupart des femmes une réponse aussi émotionnellement satisfaisante que physiquement intense. Souvent, lorsque ses seins sont ignorés au profit de ses parties génitales, une femme se sent grugée.

Cuisses
Embrasser les cuisses crée d'intenses sensations érotiques.

Dos et reins
Effleurez des lèvres et de la langue toute la longueur de la colonne vertébrale.

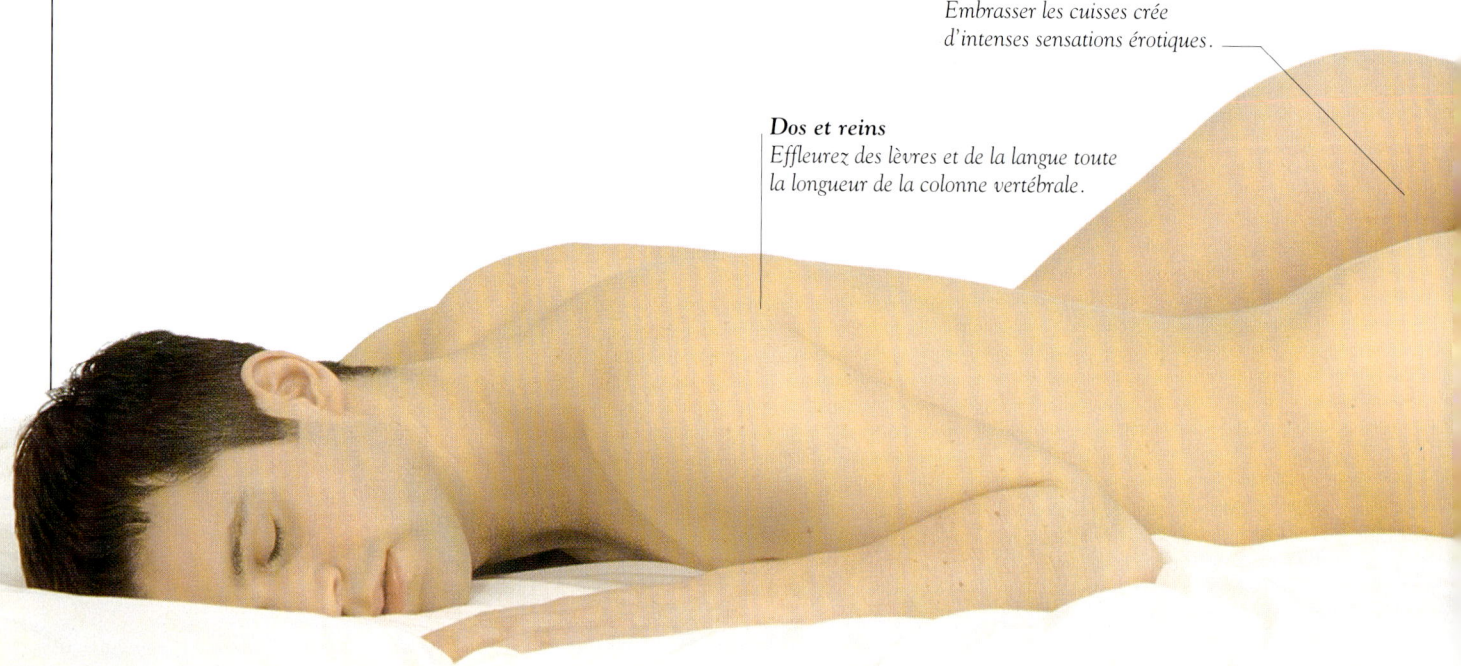

LE BAISER

LES AUTRES TYPES DE BAISER

Les nombreux baisers décrits par le *Kama-sutra* incluent le « Baiser démonstratif », qui est donné « lorsque la nuit, au théâtre, ou dans une réunion de caste, un homme allant au-devant d'une femme baise un doigt de sa main si elle est debout, ou un orteil de son pied si elle est assise ; ou lorsqu'une femme, en massant le corps de son amant, met son visage sur sa cuisse, comme si elle voulait dormir, de manière à enflammer sa passion et baise sa cuisse ou son gros orteil. »

Est également décrit le « Baiser transféré », nommé ainsi « lorsqu'une personne baise un enfant assis sur ses genoux, ou une peinture, ou une image, ou une figure, en présence de la personne aimée ». Un troisième type de baiser, le « Baiser qui montre l'intention », intervient « lorsqu'une personne baise l'image de la personne aimée, réfléchie dans un miroir, dans l'eau, ou sur un mur. »

Embrasser le reflet de votre amant dans un miroir est impossible, sauf si vous êtes amoureux de vous-même, parce que l'on n'embrasse jamais que son propre reflet !

LÈVRES ET LANGUE

Accordez une attention particulière à des zones comme les seins et les mamelons, l'intérieur des cuisses et des genoux. Plus vous vous maîtriserez et retarderez la pénétration, plus grande sera votre satisfaction lorsque celle-ci interviendra.

Couvrir le corps de votre partenaire de baisers, ou l'explorer du bout de la langue, est une excellente manière d'augmenter l'excitation et le sentiment d'anticipation.

Caresses et baisers
Donnez plus d'intensité à vos baisers en les complétant par des caresses sensuelles des mains et des doigts.

LES BAISERS

LA MORSURE

Dans la tradition érotique hindoue, la morsure fait partie intégrante de la panoplie amoureuse et le *Kama-sutra* décrit en détail les différents types de morsure. La morsure peut être appliquée à presque toutes les parties du corps et varie en intensité, du mordillement espiègle, plus taquin qu'érotique, ou du suçon à la morsure profonde au comble de la passion. La plupart des couples n'incluent pas ce geste dans leurs jeux amoureux et ce à juste titre, car la mâchoire peut se refermer violemment lors de l'orgasme et infliger de sérieuses blessures.

LA MORSURE DU SANGLIER

Pour marquer l'épaule, le Kama-sutra suggère cette morsure, « qui consiste en plusieurs larges rangées de marques, l'une près de l'autre et avec des intervalles rouges… On l'imprime sur les seins et sur les épaules. Ces deux derniers modes de morsures sont particuliers aux personnes de passion intense ».

La recherche a révélé que les femmes sont plus portées que les hommes sur la morsure durant le coït, ceux-ci se montrant ambivalents à ce sujet et plus encore sur le fait d'être mordus. Il a été suggéré, en guise d'explication, que les hommes étant plus musclés, il leur est plus naturel d'exprimer leur passion par de puissants mouvements du corps que par la morsure.

LE NUAGE BRISÉ

Le Kama-sutra la décrit comme étant « la morsure dont les marques en forme de cercle sont inégales, ce qui provient de l'espacement des dents », et ajoute qu'elle est destinée à être imprimée sur les seins.

Les couples qui apprécient de s'imprimer des suçons se donnent généralement pour limite l'intégrité de la peau et se contentent de sucer la chair de leur partenaire, avec pour seule intention d'y laisser une marque qui est un signe de possession. Ce type de morsure rituelle, qui amène la chair entre les dents plutôt que de percer la peau, sert un but similaire.

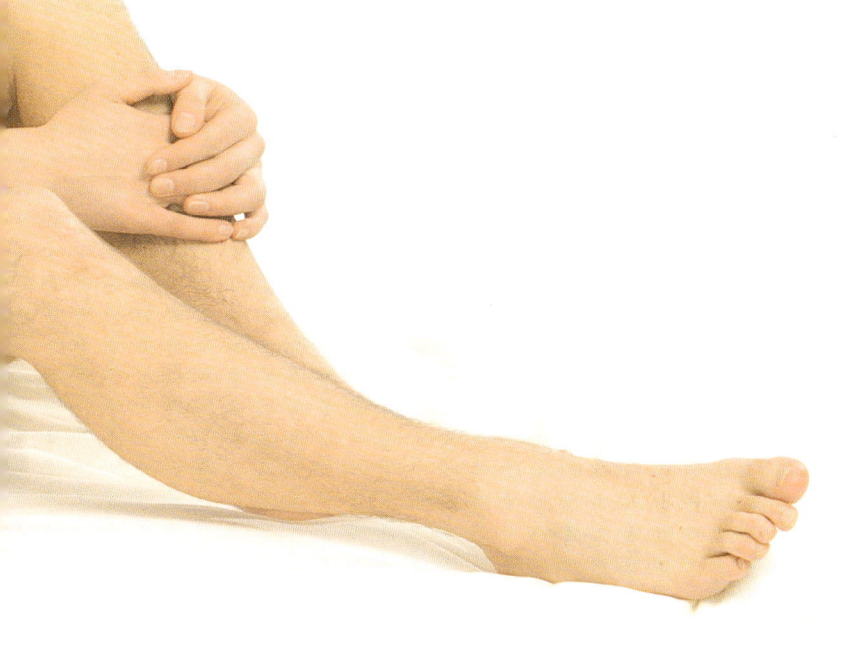

LES MORSURES DE L'AMOUR

Le *Kama-sutra* décrit huit types de morsures rituelles infligées durant l'amour. En plus de la Morsure du sanglier et du Nuage brisé, ce sont :

LA MORSURE CACHÉE
« La morsure qui ne se révèle que par l'excessive rougeur de la peau mordue s'appelle la "Morsure cachée". »

LA MORSURE ENFLÉE
« Lorsque la peau est déprimée des deux côtés, cela s'appelle la "Morsure enflée". »

LE POINT
« Lorsqu'une petite portion de la peau est mordue avec deux dents seulement, cela s'appelle le "Point". »

LA LIGNE DE POINTS
« Lorsque de petites portions de la peau sont mordues avec toutes les dents, cela s'appelle la "Ligne de points". »

LE CORAIL ET LE JOYAU
« La morsure qui est faite avec les dents et les lèvres réunies s'appelle le "Corail et le joyau". Les lèvres sont le corail, les dents le joyau. »

LA LIGNE DE JOYAUX
« Lorsque la morsure est faite avec toutes les dents, cela s'appelle la "Ligne de joyaux". »

Vatsyayana spécifie également sur quelles parties du visage et du corps ces morsures doivent être appliquées : « C'est sur la lèvre inférieure que se font la "Morsure cachée", la "Morsure enflée" et le "Point" ; la "Morsure enflée" se fait encore sur la joue, ainsi que le "Corail et le joyau"... La "Ligne de points" et la "Ligne de joyaux" doivent toutes deux être imprimées sur la gorge, l'aisselle et les jointures des cuisses ; mais la "Ligne de points" seule doit être imprimée sur le front et les cuisses. »

◆ LES BAISERS

Cunnilingus

Il n'est peut-être pas surprenant que l'auteur du *Kama-sutra* exprime une position ambivalente et presque timide, sur les rapports bucco-génitaux. Même à notre époque, qui les pratique et les discute de façon plus libre que jamais, il est encore des gens de tous âges (et qui sont parfois par ailleurs sexuellement actifs) qui désapprouvent le cunnilingus et la fellation ou, pour le moins, ne les pratiquent jamais. Par ailleurs, si certains condamnent toutes les activités buccogénitales, d'autres refusent le cunnilingus sans pour autant éprouver la même répulsion envers la fellation. Cette position est proche de celle de Vatsyayana, qui se concentre sur les plaisirs que l'homme tire de la fellation, mais ne traite le cunnilingus que de façon très sommaire. Nous ne pouvons être certains des raisons de ces réserves, mais il est probable que la priorité donnée historiquement au plaisir de l'homme et les questions d'hygiène y sont pour une grande part. Néanmoins, de nombreux amants n'ont pas ces inhibitions et apprécient les sensations et le sentiment d'intimité particulière que procure ce type de relations.

L'intérieur des cuisses
Faites courir la langue sur l'intérieur des cuisses dans le prolongement du périnée.

CUNNILINGUS

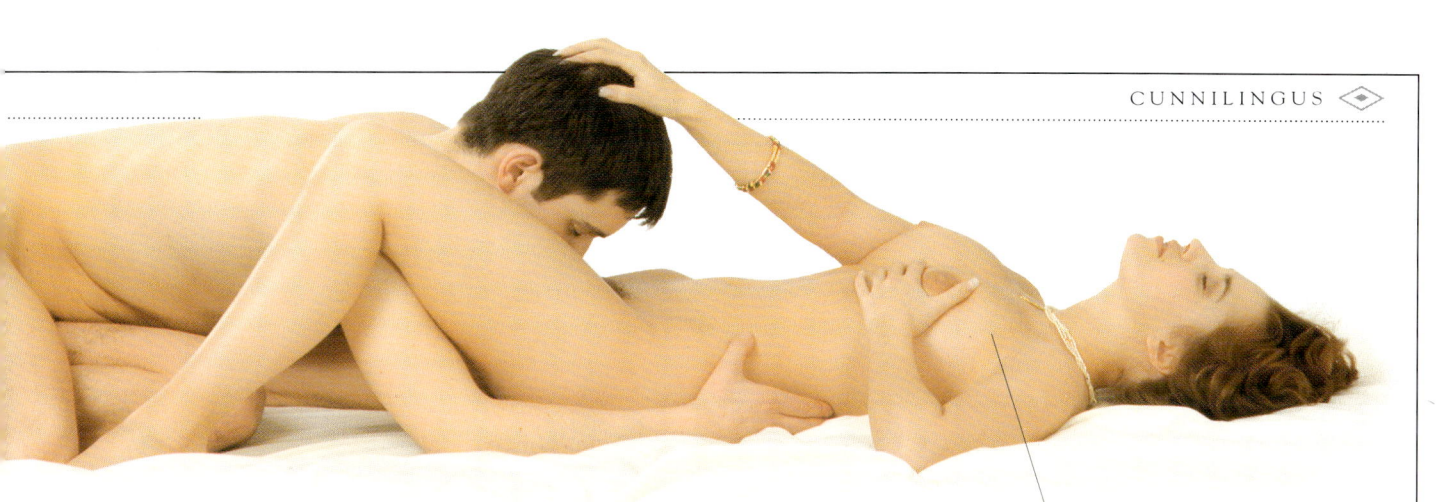

La Stimulation Clitoridienne

Le clitoris est probablement la partie la plus sensible du corps de la femme et répond particulièrement bien à une stimulation délicate de la langue et des lèvres. Placez-vous de façon à pouvoir caresser avec un mouvement montant de la langue le corps et le sommet du clitoris. Votre partenaire peut être debout, assise ou couchée sur le dos ; mais si elle fait partie des nombreuses femmes qui apprécient un cunnilingus prolongé et peuvent en retirer de multiples orgasmes, elle sera certainement mieux allongée.

Stimulez alternativement chaque côté du clitoris, toujours en partant du bas. Papillonnez délicatement de la pointe de la langue sur le sommet, puis promenez dans le même mouvement votre langue d'un côté à l'autre du clitoris.

La Stimulation Périnéale

Lorsqu'elle ouvre grand les jambes, vous pouvez vous avancer assez pour caresser son périnée de la langue. Le périnée est la zone qui sépare le vagin de l'anus et est chez la plupart des femmes riche en terminaisons nerveuses, ce qui le rend extrêmement sensible à tous les types de caresses. La stimulation buccale du périnée peut être étonnamment excitante.

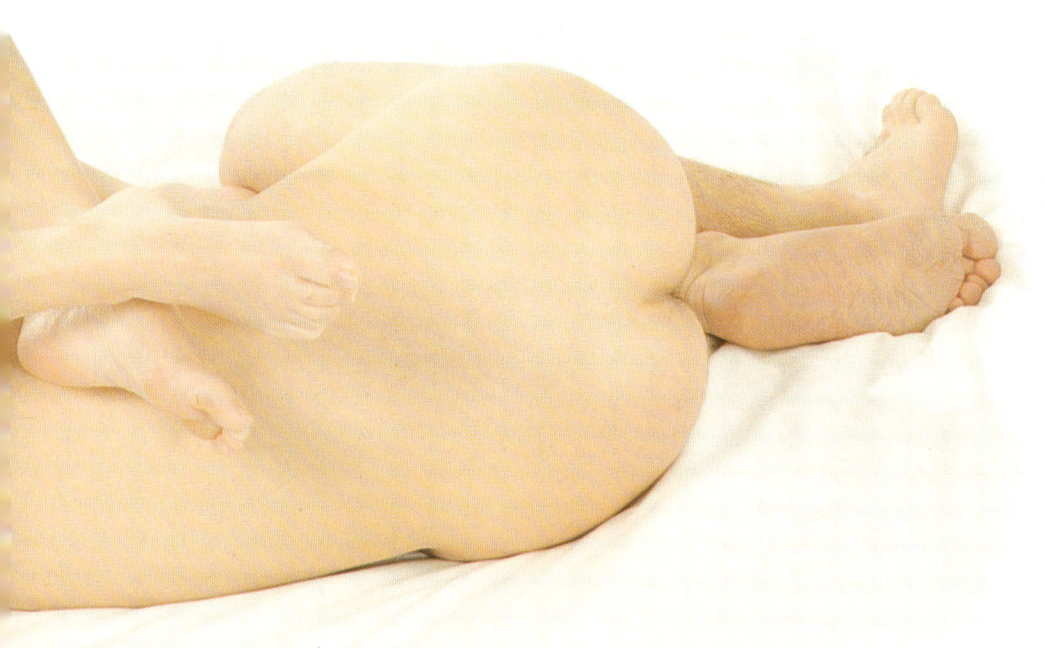

L'autostimulation
Caressez vos seins et mamelons pour augmenter la stimulation.

CLITORIS ET PÉRINÉE

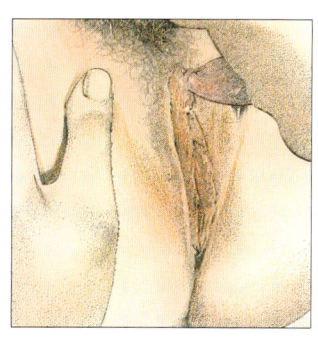

FLATTER LE CLITORIS
La langue doit avoir un mouvement montant et doux, car le clitoris est très sensible.

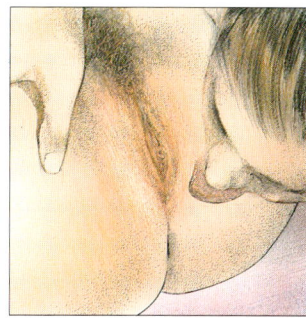

FLATTER LE PÉRINÉE
Du bout de la langue, papillonnez avec une grande légèreté sur le périnée.

Le Baiser Génital

Il peut être judicieux, en prélude au cunnilingus, de créer un crescendo lent mais hautement érotique en embrassant et léchant son abdomen, le bas de son ventre et l'intérieur des cuisses, en avançant progressivement vers les parties génitales. Embrassez et léchez ensuite son mont de Vénus, les grandes lèvres de son vagin, puis son clitoris. Une approche progressive comme celle-ci, qui peut même débuter depuis les seins et les mamelons, avant de descendre, aide à créer une stimulation sexuelle et s'avère également utile lorsqu'elle est un peu timide devant la pratique du cunnilingus et a besoin d'y être menée avec tendresse.

LÈVRES ET VAGIN

FLATTER LES LÈVRES
Faites glisser votre langue le long des grandes lèvres de son vagin puis entre elles et embrassez-les.

MOUVEMENTS PÉNÉTRANTS
Alternez les mouvements de la langue, en la déplaçant de haut en bas et d'avant en arrière.

Stimulation et lubrification vaginales

Le vagin produit un fluide lubrifiant naturel lorsque la femme est sexuellement stimulée et le cunnilingus est l'une des meilleures façons de parvenir à cette stimulation. Cette lubrification permet non seulement au vagin d'accueillir un pénis en pleine érection sans inconfort, mais altère aussi la perception qu'a la femme du contact vaginal, le rendant plus agréable et plus sensuel. La stimulation en elle-même n'a pas besoin d'être concentrée sur le vagin, même si cela est généralement plus efficace et la lubrification peut être déclenchée par toute la gamme des préliminaires et tous les types d'excitation.

Les femmes qui ne produisent pas de lubrifiant naturel en quantité suffisante peuvent se tourner vers les diverses crèmes et huiles spécialement composées pour cet usage. Ces lubrifiants vaginaux sont bon marché, en vente dans toutes les pharmacies.

L'Insertion de la Langue

Après avoir excité votre partenaire en embrassant et léchant son clitoris et son périnée, intensifiez la stimulation en introduisant par à-coups votre langue dans son vagin. Commencez par introduire le bout de la langue, puis le plat, puis alternez des mouvements légers de la pointe de la langue et des mouvements profonds plus pénétrants. L'un des secrets d'un cunnilingus réussi est de moduler les mouvements pour faire varier la gamme des sensations produites. Ne prolongez jamais trop longtemps le même mouvement, à moins qu'elle ne vous l'ait demandé.

Relaxez-vous
Allongez-vous, détendez-vous et profitez du plaisir qu'il vous donne.

L'usage des mains
Utilisez vos mains pour parfaire sa stimulation.

LES BAISERS

FELLATION

Si le *Kama-sutra* accorde bien plus d'attention à la fellation qu'au cunnilingus, il le fait d'une façon qui est assez étrange d'un point de vue moderne. Vatsyayana décrit l'*Auparishtaka*, ou congrès buccal, comme une activité couramment pratiquée par les eunuques sur leurs maîtres. Ainsi, les eunuques « déguisés en femmes » mènent la vie des courtisanes et leurs fonctions incluent la fellation, tandis que les eunuques « déguisés en hommes tiennent leurs pratiques secrètes et quand ils veulent exercer une profession, ils choisissent celle de masseur ». Vatsyayana décrit ensuite comment, sous prétexte de le masser, l'eunuque caresse et excite son maître, le satisfaisant ensuite par huit techniques de fellation, l'une après l'autre. Maître et serviteur jouent un jeu de Tantale, dans lequel « chacune de ces opérations terminée, l'eunuque exprime son désir d'en rester là ; mais, après la première, le client veut la seconde, puis la troisième et ainsi de suite. » De nos jours, les homosexuels continuent de jouir des plaisirs de la fellation, mais celle-ci est également une réponse au cunnilingus extrêmement satisfaisante dans une relation hétérosexuelle.

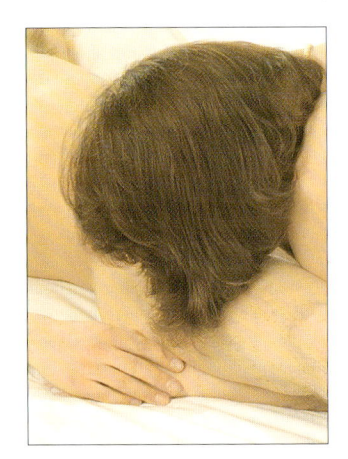

LÉCHER LE PÉNIS

Commencez la fellation en léchant le pénis comme s'il s'agissait d'un cornet de glace. Tenez-le d'une main par la base et léchez du plat de la langue d'un mouvement répété vers le haut, d'abord d'un côté puis de l'autre.

Laissez-vous faire
Détendez-vous et laissez votre partenaire décider de la façon dont elle veut vous faire plaisir.

FELLATION

L'USAGE DES LÈVRES

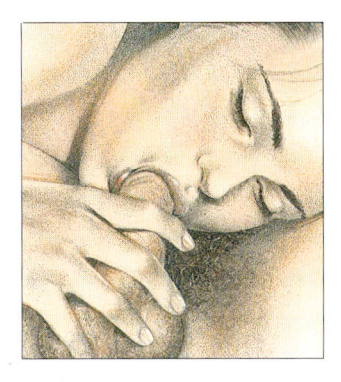

LE CONGRÈS NOMINAL
Prenez son pénis avec la main, placez-le entre vos lèvres et faites-le tourner dans votre bouche.

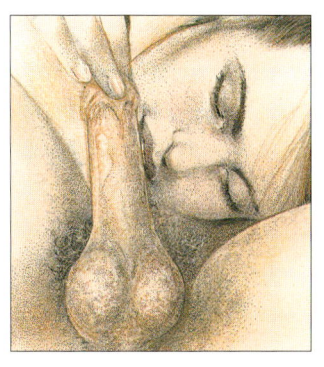

MORDILLAGE DES CÔTÉS
Couvrez l'extrémité de son pénis avec vos doigts, puis embrassez et mordillez les côtés.

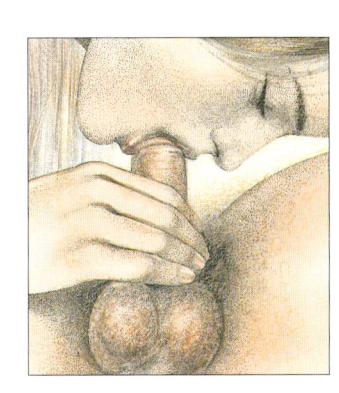

PRESSION INTÉRIEURE
Introduisez le pénis dans votre bouche, pressez-le avec les lèvres puis faites-le sortir.

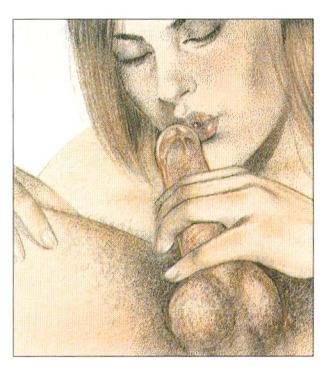

PRESSION EXTÉRIEURE
Pressez vos lèvres serrées contre l'extrémité de son pénis et embrassez-le.

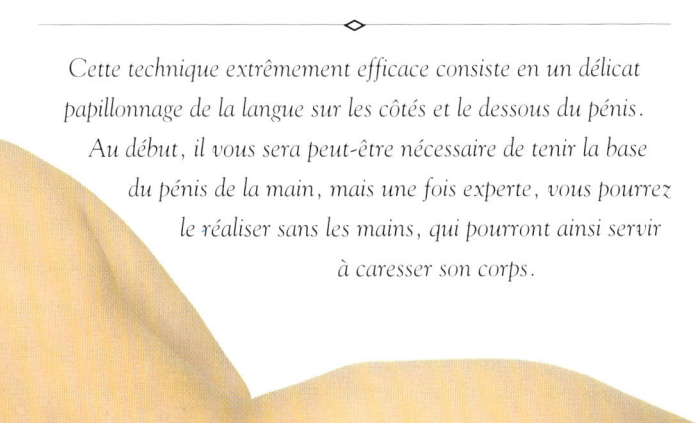

LE PAPILLONNAGE

Cette technique extrêmement efficace consiste en un délicat papillonnage de la langue sur les côtés et le dessous du pénis. Au début, il vous sera peut-être nécessaire de tenir la base du pénis de la main, mais une fois experte, vous pourrez le réaliser sans les mains, qui pourront ainsi servir à caresser son corps.

◆ LES BAISERS

LES BONNES MANIÈRES

Si votre partenaire va pratiquer la fellation, assurez-vous que votre pénis est parfaitement propre. Durant la fellation, prévenez toujours votre partenaire du moment où vous allez jouir, pour lui permettre de le retirer à temps si elle ne désire pas que vous éjaculiez dans sa bouche.

L'USAGE DE LA LANGUE

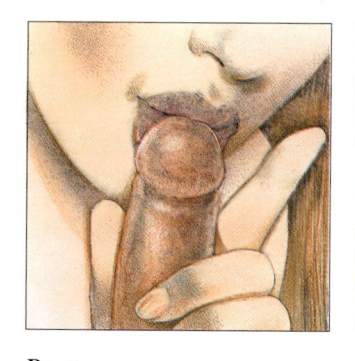

POLISSAGE
Après avoir embrassé son pénis, caressez-le partout de la langue et particulièrement sur l'extrémité.

BAISER
Tenant son pénis dans votre main, embrassez-le comme si vous embrassiez sa lèvre inférieure.

LA SUCCION DU PÉNIS

Certaines femmes désirent partager cette pratique intime avec leur partenaire, mais craignent de s'étrangler durant la fellation, en particulier lorsque l'excitation de l'homme est à son comble et qu'il veut bouger les reins. Vous pouvez surmonter cette crainte en encerclant le pénis d'une ou des deux mains avant d'en embrasser, lécher ou sucer le bout. Vous contrôlerez ainsi la profondeur de ce que vous prendrez en bouche. Il n'est pas nécessaire d'englober le pénis entier car c'est le gland qui est le plus sensible.

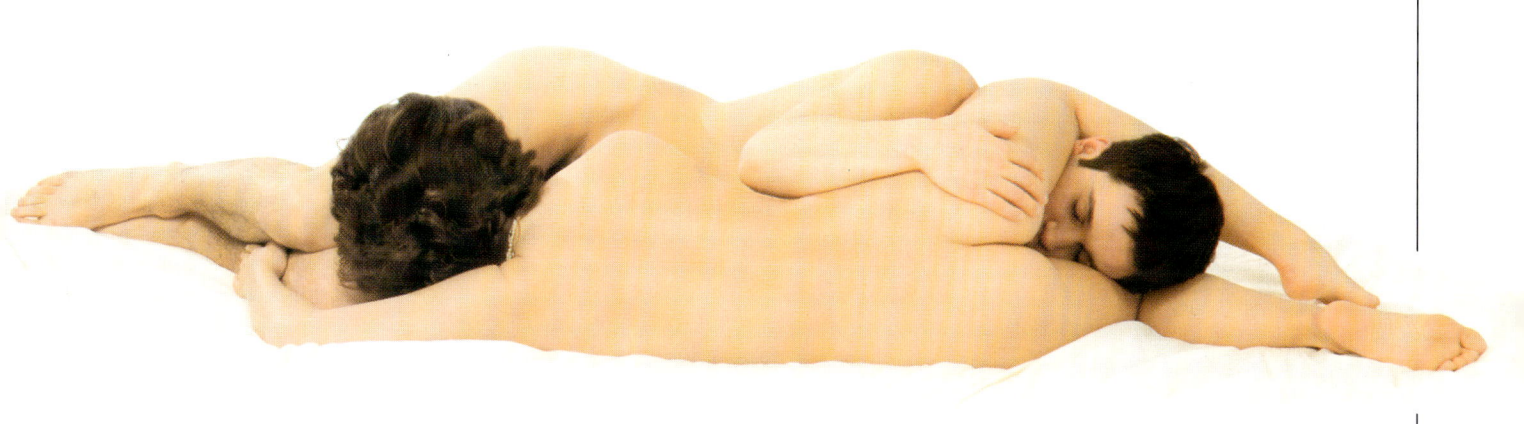

FELLATION

> *Il y a des hommes, des lieux et des temps à l'égard desquels on peut user de ces pratiques.*

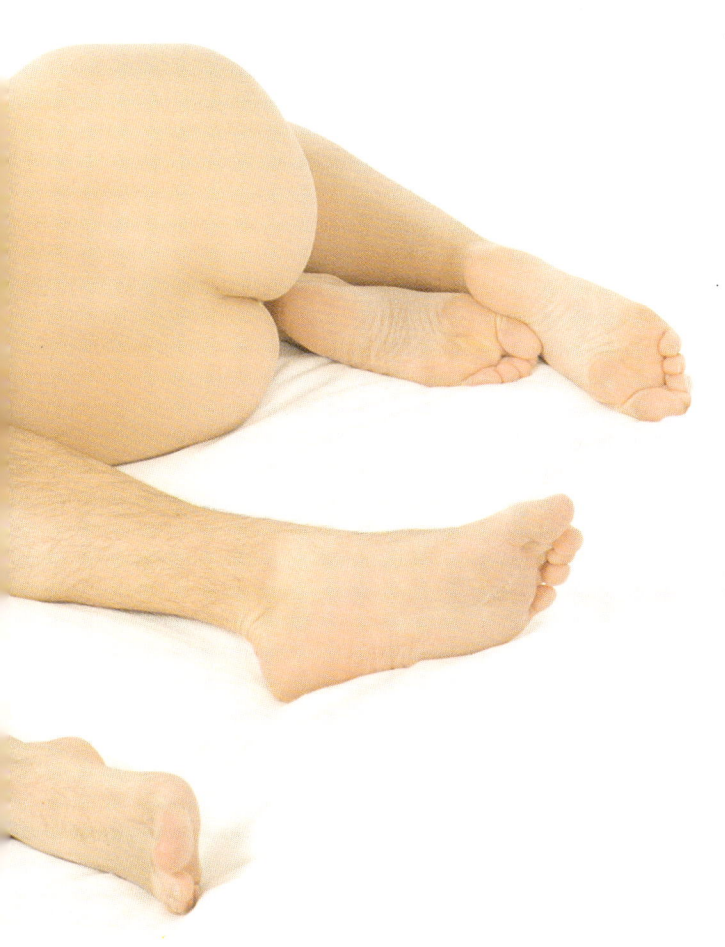

LE CONGRÈS DU CORBEAU

D'après le Kama-sutra, « lorsqu'un homme et une femme sont couchés en sens inverse, c'est-à-dire la tête de l'un vers les pieds de l'autre, et se livrent à cette espèce de congrès, cela s'appelle le Congrès du corbeau. »

Cette description laconique d'une pratique bucco-génitale simultanée dépeint en fait le classique "soixante-neuf", dans lequel les deux partenaires mêlent fellation et cunnilingus. Quelque stimulation bucco-génitale que désirent s'offrir l'un l'autre les amants, le soixante-neuf leur permet de les réaliser simultanément. Cela peut sembler être un arrangement idéal permettant un plaisir réellement mutuel, mais c'est en fait souvent moins satisfaisant que de pratiquer la fellation et le cunnilingus l'un après l'autre.

L'USAGE DE LA BOUCHE

SUCCION DE LA MANGUE
Introduisez la moitié de son pénis dans votre bouche, puis sucez-le avec force.

ABSORPTION
Introduisez le pénis tout entier dans votre bouche, comme pour l'avaler.

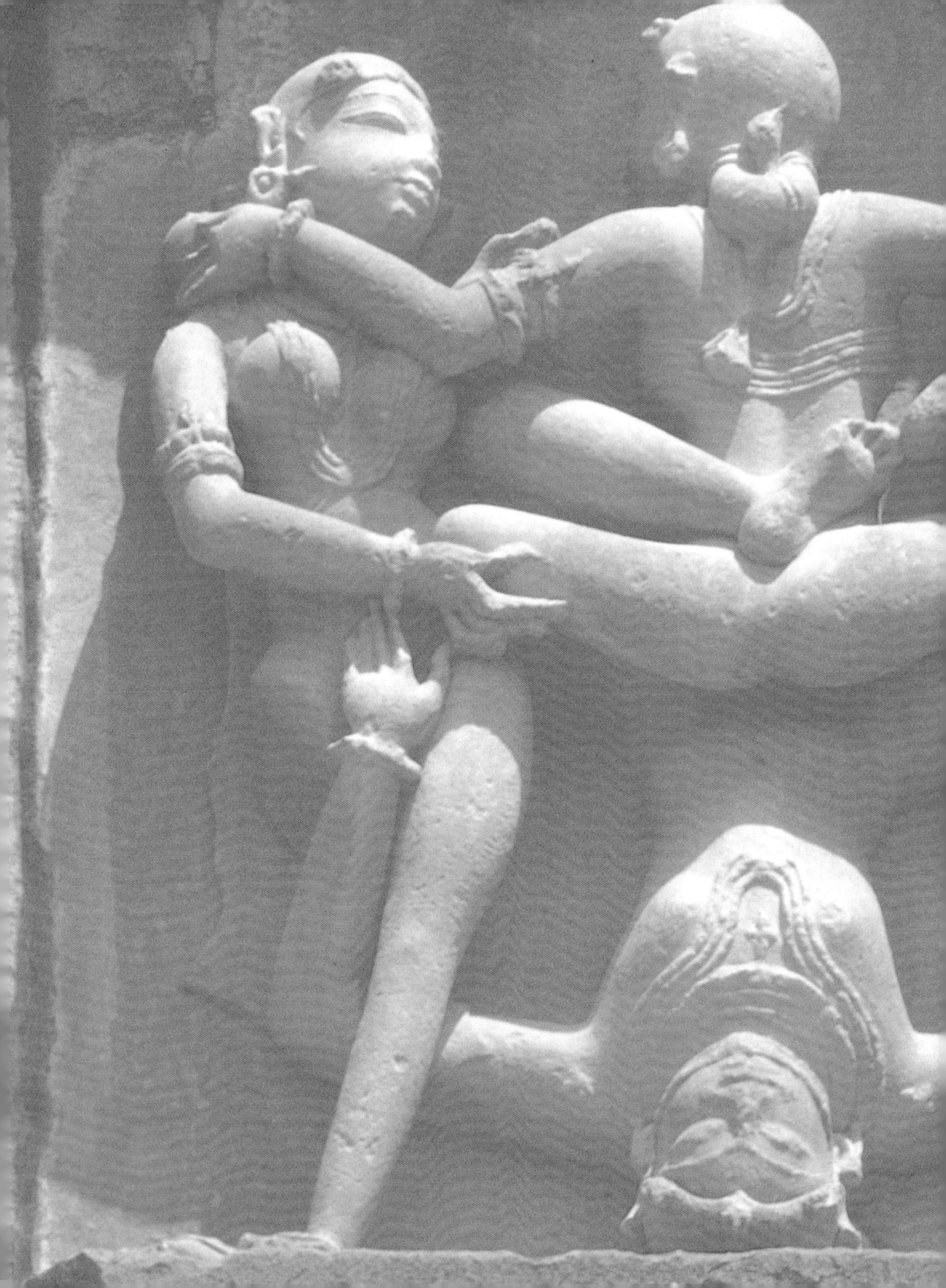

Les Positions de L'Amour

" Une fois le congrès commencé, la passion seule régit tous les actes des partenaires. "

LES POSITIONS DE L'AMOUR

Les Positions du Kama-sutra

Dans l'esprit de la plupart des gens, les mots Kama-sutra évoquent un mélange envoûtant d'exotisme et d'érotisme et sont liés à des images de positions complexes, bizarres, voire impraticables et parfois impossibles. En fait, ce texte ne comprend qu'environ deux douzaines de positions, pour la plupart aisées à réaliser si la femme est raisonnablement souple. L'auteur du Kama-sutra, Vatsyayana, cite huit positions de base déjà dépeintes par un auteur plus ancien, Babhravya et attribue les descriptions du reste à un autre ancien, Suvarnanabha. Dans la plupart des cas, la femme est allongée sur le dos et place ses jambes dans des positions variées, même si Vatsyayana décrit plus tard trois positions pour lesquelles la femme est au-dessus et « joue le rôle de l'homme ». Il fait en effet la recommandation suivante : « Lorsqu'une femme voit son amant fatigué par un congrès prolongé, sans qu'il ait assouvi son désir, elle doit, avec sa permission, le renverser sur le dos et lui venir en aide en jouant son rôle. Elle peut le faire aussi pour satisfaire la curiosité de l'homme, ou son propre désir de nouveauté. »

KAMA-SUTRA

LES POSITIONS DE L'AMOUR

LA POSITION BÉANTE

Des ébats qui débutent avec l'homme simplement au-dessus et avec les jambes des deux partenaires tendues mènent souvent naturellement à la Position béante. Celle-ci a lieu lorsque la femme « lève ses cuisses et les tient toutes grandes écartées. »

La barrière que forment les cuisses de la femme dans cette position ne permet pas une pénétration très profonde et il est peu probable que son clitoris puisse être beaucoup stimulé. L'évident érotisme de la position vient toutefois compenser tout cela. La femme a ses parties génitales exposées et le sentiment de vulnérabilité inhérent à cette position peut être pour elle très excitant.

La position des cuisses
Faire changer l'inclinaison de vos cuisses par rapport à votre corps est un moyen simple de faire varier la profondeur de la pénétration.

Serrez les jambes
Serrer les jambes contre ses flancs vous permettra de les maintenir plus facilement levées.

Penchez-vous en avant
Penchez-vous doucement tout en vous appuyant dans votre mouvement sur les cuisses de votre partenaire.

L'AUTRE POSITION BÉANTE

La pénétration la plus profonde qui soit, apportant un plaisir intense aux deux partenaires, est obtenue par cette variation de la Position béante. À cause de l'extrême profondeur de la pénétration, la femme doit être pleinement excitée et son vagin totalement dilaté, avant que son partenaire ne la pénètre.

C'est la position vers laquelle vous allez probablement évoluer après avoir profité un moment de la Position béante. Celle-ci est bien plus satisfaisante, parce qu'elle combine la facilité de la position du missionnaire avec une plus grande pénétration et un élément érotique : la position élevée des jambes de la femme.

Les pieds
Placez un pied de chaque côté de sa tête.

Les appuis
Reposez vos mollets sur ses épaules et arc-boutez-vous contre son corps pendant son mouvement.

LA POSITION LARGEMENT OUVERTE

En rejetant la tête en arrière, la femme arque son dos et relève la partie médiane de son corps pour rejoindre son partenaire, les jambes écartées et offrant un angle d'entrée qui assure une pénétration profonde.

Le contact génital assuré par cette position peut apporter une plus grande satisfaction à la femme qu'à l'homme, cela parce que son clitoris est totalement exposé à la friction du coït, tandis que l'homme ne ressentira pas, de son côté, la sensation de compression qu'il obtient lorsqu'elle resserre ses jambes sur son pénis.

Le maintien
Utilisez vos bras pour vous soutenir.

Les yeux
Regardez votre amant dans les yeux pour développer le sentiment d'intimité.

LES POSITIONS DE L'AMOUR

Les Actes que doit accomplir un homme

Le *Kama-sutra* donne obligation à l'homme de satisfaire sa partenaire et fait, pour l'aider à atteindre ce but, les suggestions suivantes quant aux mouvements possibles durant le coït :

- *Pousser en avant* : la pénétration directe.
- *Frictionner ou baratter* : tenir son pénis dans la main et le faire tourner dans le vagin.
- *Percer* : pénétrer le vagin du dessus en frottant le clitoris.
- *Presser* : pénétrer le vagin du dessous en le pressant.
- *Donner un coup* : sortir le pénis du vagin et l'y réintroduire avec force.
- *Le coup du taureau* : frotter un côté seulement de l'intérieur du vagin avec le pénis.
- *Le coup du sanglier* : frotter les deux côtés de l'intérieur du vagin.
- *La chasse au moineau* : agiter le pénis dans le vagin avec un rapide et léger mouvement de va-et-vient.

Les gestes de l'homme définis ici sont étonnamment centrés sur le pénis. Nous l'avions presque oublié, mais utiliser le pénis comme une sorte de vibromasseur peut être extraordinairement satisfaisant.

Cuisses et Fesses
Caressez doucement les cuisses et les fesses de votre partenaire.

Pliez les genoux
Tirez vos jambes en arrière aussi loin que possible puis pliez-les de façon que vos mollets appuient sur le dessous de vos cuisses.

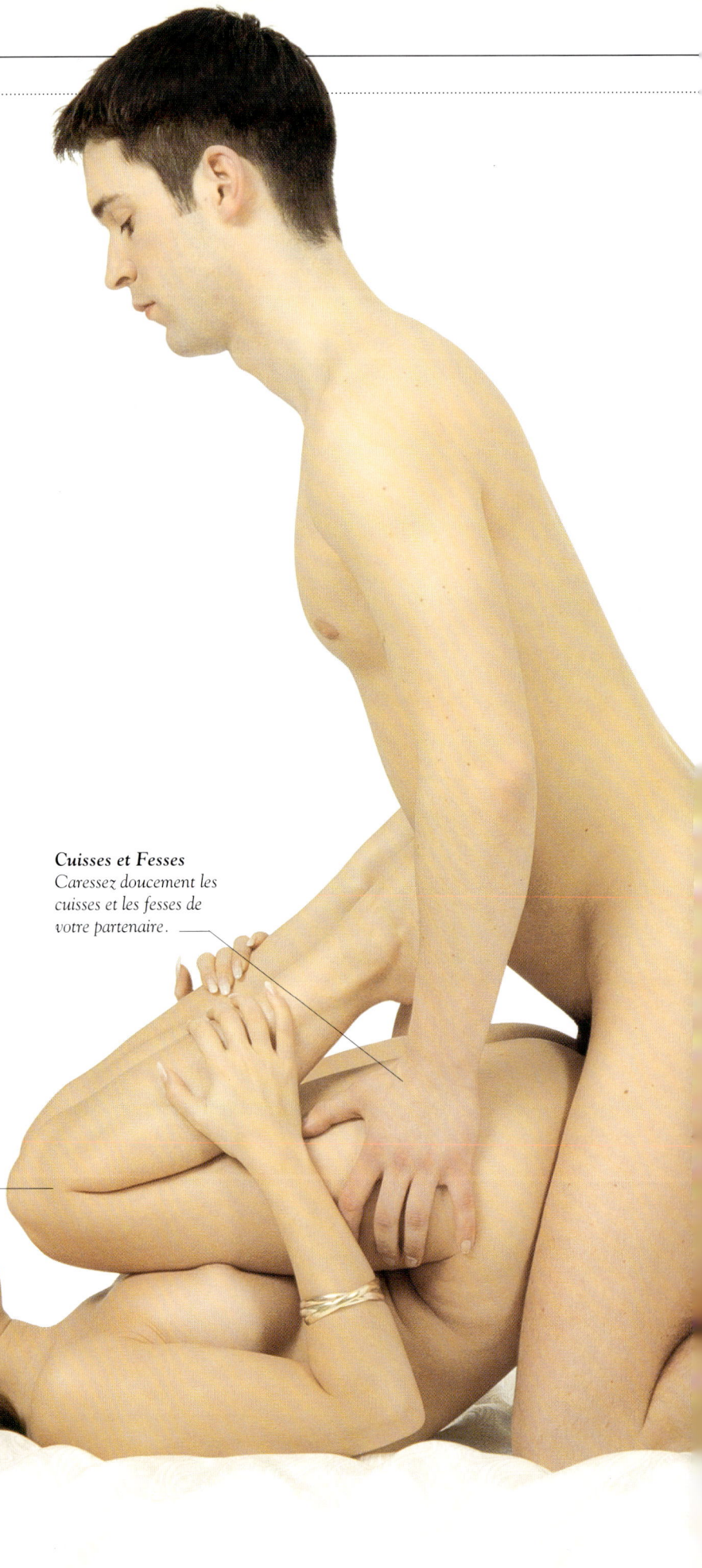

LA POSITION DE LA FEMME D'INDRA

Uniquement réalisable par ceux dont les membres sont particulièrement souples, cette position est recommandée par le Kama-sutra pour le « très haut congrès », le coït durant lequel le vagin est totalement ouvert et assure une pénétration maximale. La plupart des couples qui vont l'essayer ne l'utiliseront probablement que comme un bref interlude entre des positions moins exigeantes. Cette position doit son nom à Indrani, l'épouse belle et séduisante du dieu hindou Indra. Celui-ci était le roi des dieux dans les anciens écrits védiques, ainsi que le dieu de la pluie et du tonnerre.

Je pense que nous devons supposer que la femme d'Indra trouvait une immense satisfaction sexuelle dans le fait d'être ramassée en paquet. Une femme peut trouver un grand plaisir à tendre ses muscles vaginaux, ce qui arrive naturellement lorsque les jambes sont ramenées sur le corps. Dans la montée de l'excitation sexuelle, la tension est vitale. L'orgasme est la délivrance de cette tension et sans tension, il est difficile, voire impossible, de l'atteindre. Les zones pelviennes, en particulier les cuisses et les fesses, accumulent la tension sexuelle et il est possible d'aider à l'orgasme en augmentant délibérément cette tension. Les exercices bioénergétiques consistant à faire jouer les muscles des cuisses et des fesses ou les exercices de Kegel (*cf.* p. 77) aident à accroître cette tension.

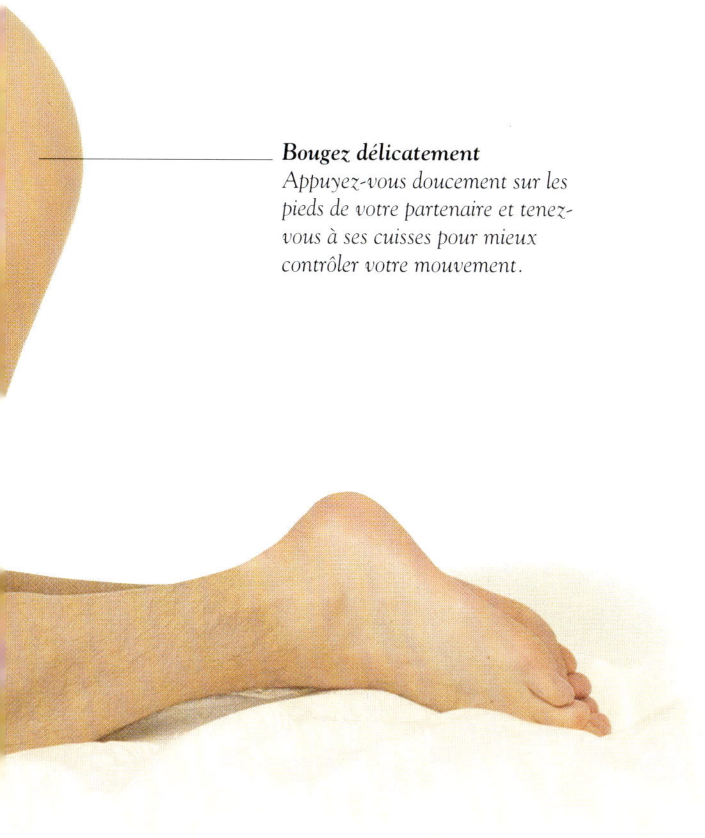

> *Ces actions passionnées, ces gestes ou mouvements amoureux, qui naissent de l'excitation du moment, dans le congrès, ne sauraient être définis : ils sont irréguliers comme des songes.*

CARESSEZ SES SEINS
Si votre partenaire a les genoux écartés, vous pouvez atteindre ses seins pour les caresser et les flatter. Mais ne tentez pas cela si vous devez, pour ce faire, trop appuyer sur ses jambes et lui causer une gêne.

Bougez délicatement
Appuyez-vous doucement sur les pieds de votre partenaire et tenez-vous à ses cuisses pour mieux contrôler votre mouvement.

LES POSITIONS DE L'AMOUR

LE POUVOIR DU TOUCHER

Le toucher est un aspect important et enrichissant non seulement de la relation sexuelle, mais aussi de bien d'autres formes de contact humain. Par exemple, les patients dans le coma répondent souvent au contact régulier des infirmières et la recherche montre que les bébés qui sont souvent touchés sont plus facilement apaisés et font preuve à terme d'un meilleur développement physique et émotionnel que ceux qui sont privés de contacts fréquents.

La Position Serrante, de côté

Pour cette variation plus détendue de la Position serrante (cf. page de droite), le Kama-sutra énonce que « l'homme doit invariablement se coucher sur le côté gauche et faire coucher la femme sur le côté droit », mais en fait le choix vous appartient.

Une étreinte amoureuse aussi rapprochée est extrêmement rassurante, en particulier lors des premiers jours d'une relation sexuelle, lorsque le sexe peut être une source d'anxiété. Un couple dont la relation est plus établie pourra également trouver plaisir et réconfort dans cette position lorsqu'ils font l'amour. Sa délicate intimité vous permettra de vous exprimer et donc de renforcer vos sentiments et votre tendresse l'un envers l'autre.

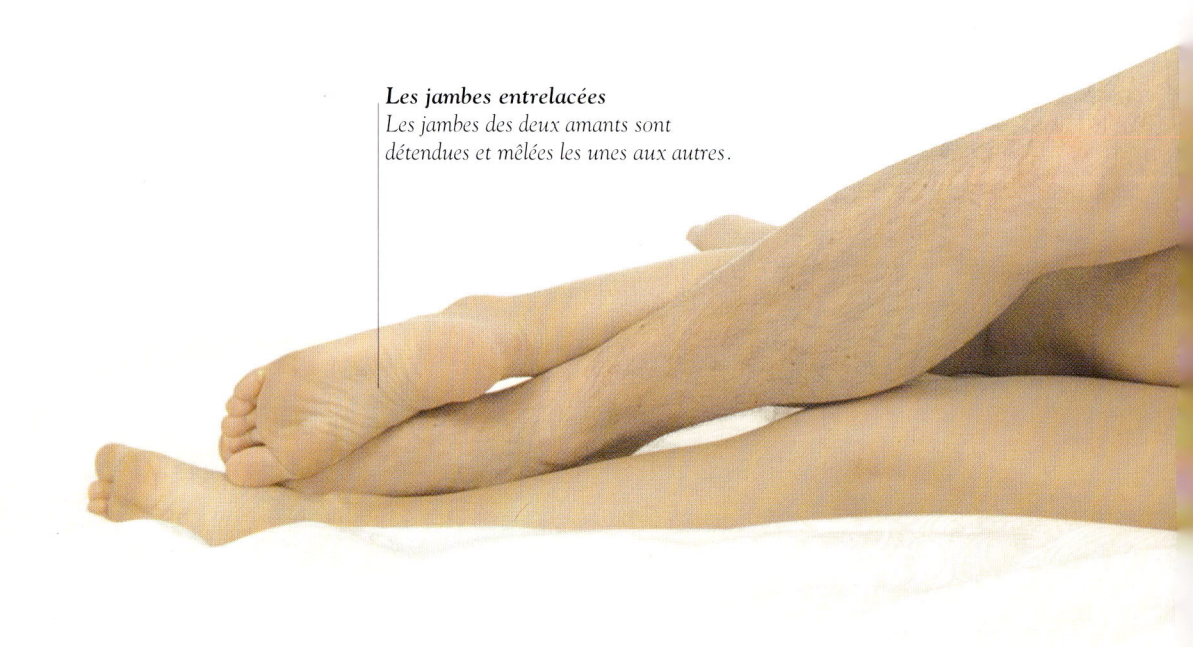

Les jambes entrelacées
Les jambes des deux amants sont détendues et mêlées les unes aux autres.

KAMA-SUTRA

La Position Serrante

Il s'agit plus d'une étreinte que d'une position réellement pratique, mais l'entrelacement des jambes crée un sentiment d'intimité. Dans cette version, la femme est étendue sur le dos et l'homme est étendu sur elle.

Durant la dernière partie de ce siècle, en raison de la facilité d'accès des moyens de contraception, les amants occidentaux ont souvent perdu de vue les plaisirs des préliminaires et se sont concentrés sur le coït. Deux bons tiers des plaisirs offerts par le sexe ont ainsi été éclipsés et nous avons besoin plus que jamais de ce type de position plus intime.

Un mouvement restreint
La pénétration est peu profonde et le mouvement est limité.

Des caresses mutuelles
C'est une position détendue qui permet aux deux amants de se caresser mutuellement le visage et le corps.

LES POSITIONS DE L'AMOUR

La Position Pressante

Un coït réellement satisfaisant, nous enseigne le Kama-sutra et tous les autres classiques de l'érotisme, est fait du déroulement d'une suite de positions, dans laquelle les amants passent sans effort d'une étreinte ou d'un rythme à un autre, comme des danseurs. En ce sens, la Position serrante (cf. p. 73) mène naturellement à la Position pressante. Ici, la femme referme ses cuisses sur celles de son partenaire, pour resserrer son vagin sur son pénis.

Ce qui est magnifique dans le coït spontané, c'est qu'il peut s'écouler comme une danse magique, dans laquelle chaque centimètre du corps paraît prendre vie. En termes d'excitation, c'est d'ailleurs exactement ce qui se passe. Lorsque le corps réagit à un contact intime, la peau elle-même « entre en érection ». Plus les partenaires jouent ensemble et pressent leurs membres les uns contre les autres, plus la charge sexuelle devient importante.

Serrez les cuisses
Faites varier les sensations en relevant vos cuisses tout en serrant votre partenaire entre elles.

Poussez avec le pied
Pousser du pied l'intérieur de ses jambes vous aidera à mieux le tenir serré contre vous.

KAMA-SUTRA

Les caresses
Lorsque vous vous maintenez sur vos avant-bras, votre partenaire peut vous caresser les épaules, les flancs et la poitrine.

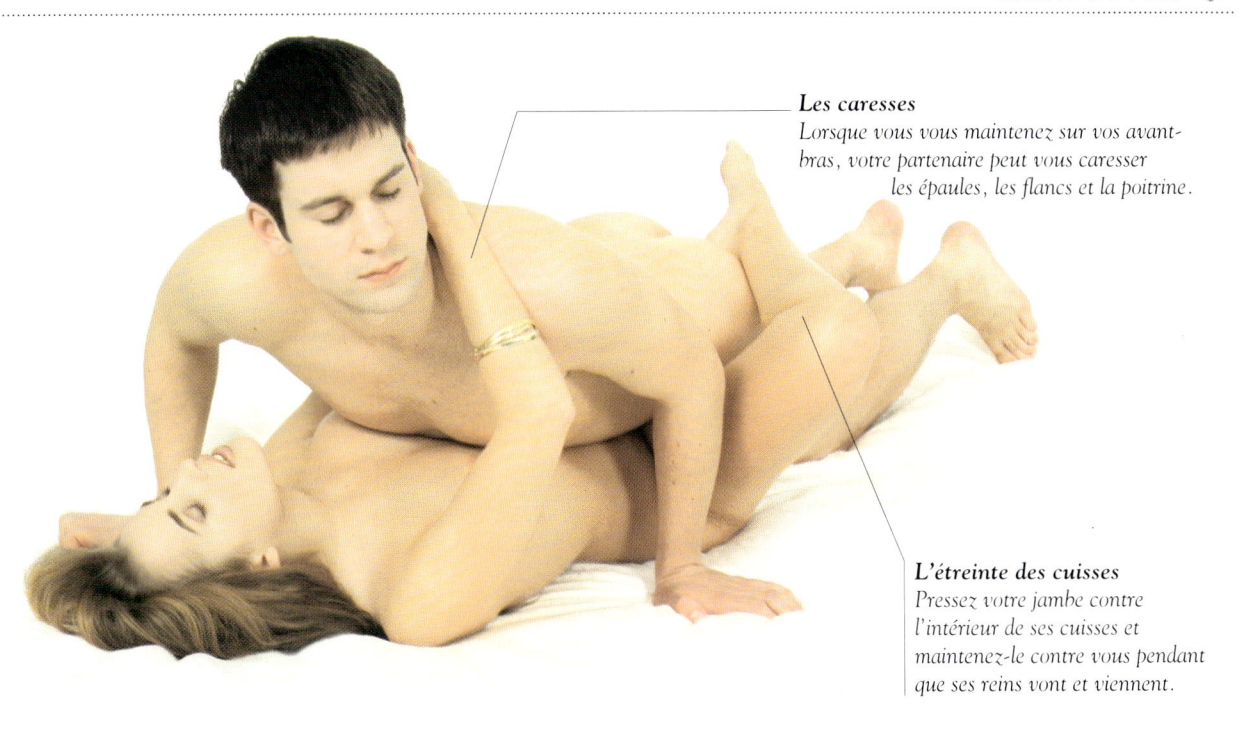

L'étreinte des cuisses
Pressez votre jambe contre l'intérieur de ses cuisses et maintenez-le contre vous pendant que ses reins vont et viennent.

LA POSITION LIANTE

Offrant un puissant moyen d'expression à son désir de s'enrouler autour de son partenaire, la femme utilise cette variation de la Position pressante (cf. page de gauche). Elle place une jambe en travers des cuisses de son partenaire et le maintient serré contre elle.

Alors que progresse la chorégraphie de la danse, les tissus des seins se gonflent, les mamelons se dressent, les muscles se tendent et les lèvres, le clitoris et le pénis entre en érection. Alors que les deux amants sont de plus en plus excités, la stimulation peut teinter leur poitrine, formant une sorte de rougeur sous la peau, qui débute sous la cage thoracique et s'étend dans toute la poitrine.

LES CHAKRAS, CENTRES D'ÉNERGIE

Le concept de *chakra* était déjà connu à l'époque où a été écrit le *Kama-sutra* et reste encore en vigueur aujourd'hui. Les chakras sont des centres d'énergie placés en sept points du corps astral, qui, d'après les yogis, entoure le corps physique. Six chakras sont localisés le long de ce qui correspond à la colonne vertébrale dans le corps physique, tandis que le septième couronne la tête. L'activité sexuelle est l'un des moyens d'exciter le *kundalini*, une immense énergie qui sommeille – elle est donc souvent représentée sous la forme d'un serpent enroulé – à la base de la colonne vertébrale, dans le Muladhara chakra. Une personne experte en yoga peut diriger cette force de chakra en chakra et revitaliser le corps et l'esprit. Tout au long de son histoire, les adeptes du yoga ont considéré la capacité à éveiller et contrôler le flot de *kundalini* comme un moyen d'atteindre le *moksha*, à sortir du cycle de vie et de mort (ce mot désigne également l'orgasme féminin).

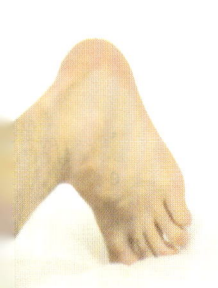

LES POSITIONS DE L'AMOUR

LA POSITION DE LA JUMENT

Cette technique, qui peut être appliquée dans diverses positions, requiert l'usage par la femme de ses muscles vaginaux (ceux qui se contractent durant l'orgasme), pour serrer le pénis comme s'il s'agissait de le traire. Cela produit une sensation extrêmement plaisante, tant pour le pénis que pour le vagin. L'expérience révélera pour chaque couple quelle position est la plus efficace dans le cadre de cette technique. Pour certains, la meilleure est la Position serrante (cf. p. 73), mais d'autres préfèrent que la femme soit assise en travers de l'homme, en lui faisant face ou en lui tournant le dos.

Cette technique prouve qu'il se crée fort rarement quelque chose de nouveau sous le soleil : depuis les années soixante-dix, les sexologues occidentaux enseignent aux jeunes femmes l'utilisation de leurs muscles pubococcygiens par la pratique des exercices de Kegel (*cf.* page de droite). Cela les aide à améliorer leur tonus vaginal après avoir eu des enfants, à augmenter leur réponse orgasmique (des muscles vaginaux plus forts mènent à des orgasmes plus puissants) et ajoute à la stimulation qu'elles peuvent offrir à leur partenaire.

Des baisers excitants
Augmentez son excitation en embrassant, léchant et mordillant ses épaules et le haut de ses bras.

Le choix de la position
Lorsqu'elle vous tourne le dos, vous pouvez être à demi assis comme ici, ou complètement allongé.

L'autostimulation
Penchez-vous un peu en arrière pour exposer votre clitoris et le stimuler du bout des doigts.

KAMA-SUTRA

Une pression sensuelle
Augmentez doucement la pression sur son pénis en poussant des mollets sur ses épaules tout en serrant les cuisses.

Un mouvement vigoureux
Si vous désirez un mouvement plus vigoureux, serrez ses jambes contre votre corps pour que votre pénis ne glisse pas hors du vagin.

LA POSITION LEVANTE

La femme lève ses deux jambes et les place au-dessus des épaules de l'homme, qui s'agenouille en face d'elle et introduit son pénis dans son vagin. En serrant ses cuisses l'une contre l'autre, elle se contracte autour de lui et augmente la friction tandis qu'il s'ébat en elle, produisant des sensations exquises pour les deux partenaires.

Les mollets et pieds de sa partenaire étant à portée de main, l'homme peut les caresser ou les tenir pour conserver sa position lors de mouvements plus vigoureux.

LES EXERCICES DE KEGEL

Les exercices des muscles pubococcygiens généralement utilisés pour tonifier la réponse vaginale doivent leur nom au docteur A. H. Kegel, le gynécologue américain qui a popularisé leur usage. Vous pouvez pratiquer ces exercices simples, mais efficaces, n'importe quand et n'importe où : au bureau, à la maison, dans le jardin…

Pour localiser ces muscles, essayez d'arrêter votre jet d'urine. Les muscles que vous utiliserez alors sont ceux que vous cherchez. Répétez cet exercice, pour prendre l'habitude de les maîtriser. Puis allongez-vous, glissez un doigt dans votre vagin et contractez-les de nouveau. Voyez si vous sentez leur contraction autour de votre doigt.

- Le principal exercice consiste à contracter ces muscles durant trois secondes, puis relâcher, puis les contracter de nouveau. Essayez de faire cela à dix reprises, trois fois par jour.
- Essayez de répéter cet exercice plus vite, de façon que votre vagin « palpite ». Faites cela à dix reprises, trois fois par jour.
- Imaginez qu'à l'intérieur de votre vagin se trouve un ascenseur. Vous devez le faire monter jusqu'au sommet du vagin, en effectuant trois arrêts. Lorsqu'il a atteint le dernier étage, maintenez-le en place un instant, puis faites-le redescendre jusqu'au rez-de-chaussée, en effectuant encore trois arrêts. Faites cet exercice deux fois par jour.

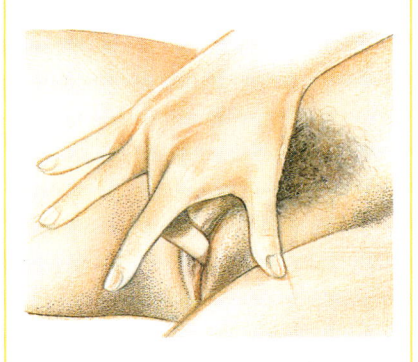

Pour tester la contraction musculaire

LES POSITIONS DE L'AMOUR

LA POSITION
DEMI-PRESSÉE

En partant de la Position levante (cf. p. 77), la femme étend une jambe sur le côté de son partenaire et plie l'autre au genou, en plaçant le pied contre la poitrine de l'homme. Parce que cette position contracte le vagin, l'homme doit faire attention à ne pas appliquer un mouvement trop vigoureux, sinon la femme ressentirait une gêne plutôt que du plaisir.

En étendant la jambe, la femme permet à son clitoris d'entrer en contact avec le mouvement du coït, ce qu'elle ne peut pas faire dans la Position pressée (*cf.* page de droite) parce que son clitoris est alors pris entre ses cuisses. Détendre la jambe crée en soi une sensation agréable et peut pousser la femme à bouger légèrement sous l'homme et à produire des vibrations vaginales supplémentaires pour le pénis. Sentir le pied posé sur sa poitrine ajoutera à l'intensité des sensations de l'homme, de la même façon que lorsqu'elle y place tendrement sa tête ou sa main. L'homme peut à son tour procurer à la femme un plaisir intense s'il choisit de caresser, voire d'embrasser ce pied en une démonstration d'affection.

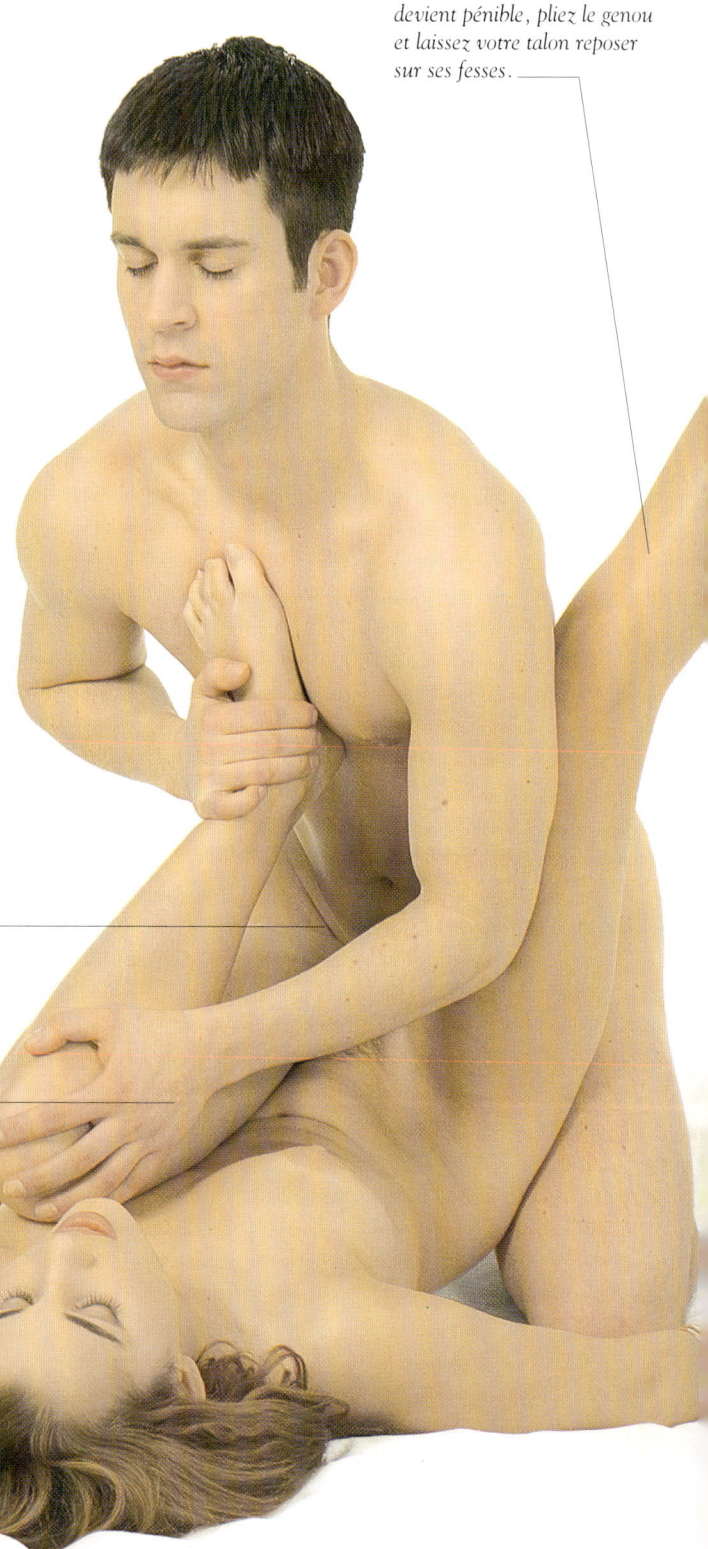

L'angle de la jambe
Si garder la jambe tendue devient pénible, pliez le genou et laissez votre talon reposer sur ses fesses.

Variez vos mouvements
Dans votre mouvement, tournez les hanches et faites varier l'intensité et la profondeur de vos coups de reins.

Les caresses
Caressez son pied d'une main et l'intérieur de sa cuisse de l'autre.

KAMA-SUTRA

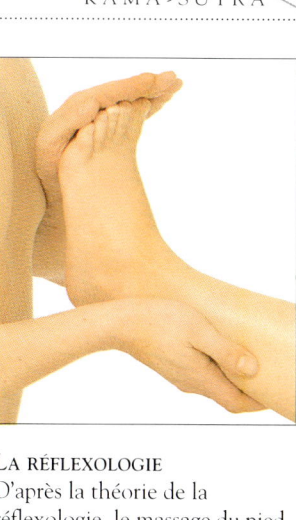

Utilisez vos orteils
Poussez de la plante de vos pieds et pressez vos orteils contre sa poitrine.

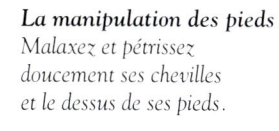

La manipulation des pieds
Malaxez et pétrissez doucement ses chevilles et le dessus de ses pieds.

LA RÉFLEXOLOGIE
D'après la théorie de la réflexologie, le massage du pied a des effets bénéfiques sur d'autres parties du corps. L'homme doit prendre chaque pied à son tour, le masser, puis le tenir sous la cheville d'une main en le faisant lentement tourner de l'autre. Cela créera une sensation excitante dans le bassin et l'aine de la femme.

Caressez ses cuisses
Caressez doucement ses cuisses, en accordant le rythme de vos caresses à celui des mouvements de ses reins.

LA POSITION PRESSÉE

Plutôt que de poser un pied sur la poitrine de l'homme, comme dans la Position demi-pressée, la femme ramène ses cuisses contre ses seins, plie les genoux et place ses deux pieds contre la poitrine de l'homme. Les sensations pour les deux partenaires seront subtilement différentes de celles produites par la Position demi-pressée et l'homme devra trouver les bonnes profondeur et force de pénétration de sorte de ne pas meurtrir le vagin raccourci.

Cette position, comme la précédente, place la femme dans une situation de soumission. Cela peut créer des émotions inconsciemment stimulantes chez les deux partenaires, la femme se sentant vulnérable et l'homme puissant.

LES POSITIONS ACROBATIQUES

Les positions présentées ici forment une séquence plutôt acrobatique, durant laquelle la femme plie et déplie ses jambes au fur et à mesure de la liaison. Je ne pense pas qu'elles doivent être prises au sérieux ; par exemple, la plupart des femmes seraient incapables de prendre la position du lotus dans des circonstances normales et le seraient encore moins durant l'amour.

La Fente du Bambou

Cette position au nom particulièrement évocateur n'est qu'une variante de la position simple de l'homme au-dessus, mais requiert néanmoins une souplesse considérable de la part de la femme. Celle-ci lève une jambe et la pose un temps sur l'épaule de son partenaire, puis la repose et lève l'autre. Cette séquence est répétée à de multiples reprises. En ce sens, la Fente du bambou fait se contracter le vagin autour du pénis et, quel que soit le rythme auquel la femme change la position de ses jambes, forme un cycle de mouvements stimulants pour les deux partenaires.

Des positions comme celle-ci me font penser à la façon dont les jeunes couples jouent de leurs corps et s'amusent à inventer des positions folles durant les premiers temps de leur relation sexuelle.

Penchez-vous en avant
Agenouillez-vous et reposez-vous sur elle, plutôt que de vous étendre.

LA POSE D'UN CLOU

Plutôt que de poser sa jambe sur l'épaule de son partenaire, comme dans la Fente du bambou, la femme place son talon sur le front de celui-ci. Sa jambe et son pied ressemblent alors à un marteau enfonçant un clou, représenté par sa tête.

Amusez-vous en faisant l'amour : personne n'a décrété que le sexe devait être une activité ennuyeuse. Des positions comme celle-ci doivent être appréciées avec l'esprit léger.

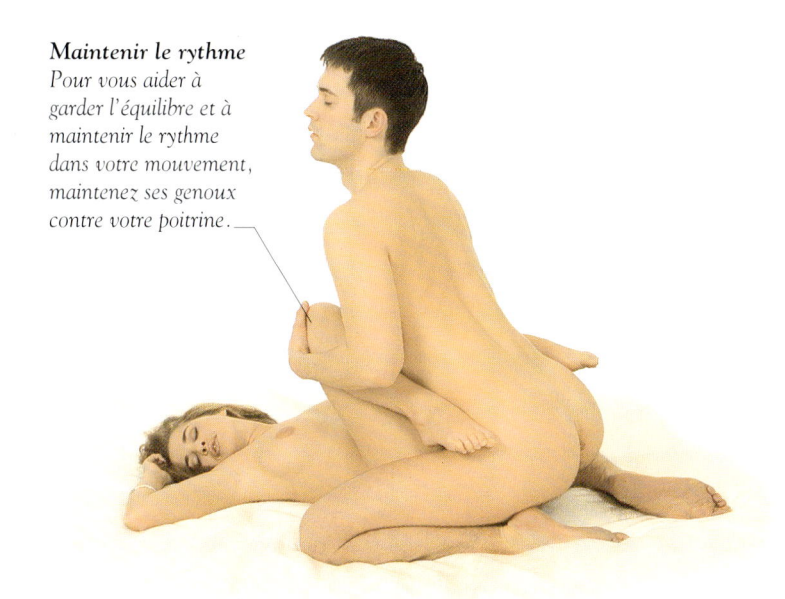

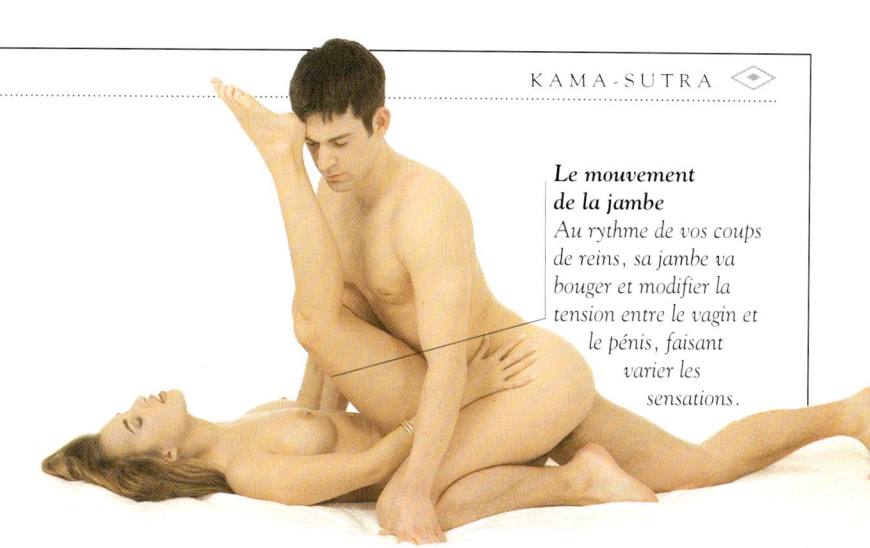

Le mouvement de la jambe
Au rythme de vos coups de reins, sa jambe va bouger et modifier la tension entre le vagin et le pénis, faisant varier les sensations.

Maintenir le rythme
Pour vous aider à garder l'équilibre et à maintenir le rythme dans votre mouvement, maintenez ses genoux contre votre poitrine.

LA POSITION DU CRABE

Dans cette position très agréable, qui resserre le vagin sur le pénis, la femme plie et tire ses deux jambes, qui reposent sur son estomac, comme un crabe rentrant ses pinces. L'homme est une nouvelle fois agenouillé.

Le jeu est un élément important des premières étapes de toutes les relations et les relations sexuelles n'y font pas exception. Lorsque nous nous amusons à essayer de telles positions, nous apprenons inconsciemment beaucoup l'un de l'autre.

LA POSITION DU LOTUS

Imitant la célèbre position de yoga, la femme plie ses jambes et les place l'une sur l'autre aussi symétriquement que possible, ce qui une fois encore comprime le vagin.

La plupart des femmes qui essaient cette position ne peuvent la maintenir longtemps, lorsqu'elles réussissent à l'atteindre.

LES POSITIONS DE L'AMOUR

LA POSITION TOURNANTE

Lorsqu'un couple fait l'amour dans la position classique du missionnaire, celui-ci peut, avec un peu d'entraînement, lever une jambe et tourner en rond sur le côté sans quitter le vagin de la femme.

Durant l'amour, changer de position sert souvent à augmenter le sentiment d'intimité. Dans ce cas, lorsque l'homme se tourne, sa partenaire peut lui montrer sa tendresse en lui embrassant et caressant le dos, les épaules et les côtés.

Le soutien du corps
Durant toute cette séquence, l'homme devra se soutenir sur ses avant-bras et garder le torse décollé de celui de sa partenaire.

PREMIÈRE ÉTAPE
La première étape de la série de mouvements qui forme la Position tournante consiste à commencer le coït dans la position traditionnelle de l'homme au-dessus (position du missionnaire). L'homme doit garder ses deux jambes entre celles de sa partenaire.

Les caresses
Utilisez vos mains pour le caresser de manière excitante durant cette manœuvre difficile.

Les fesses
Caressez ses fesses et l'arrière de ses cuisses.

KAMA-SUTRA

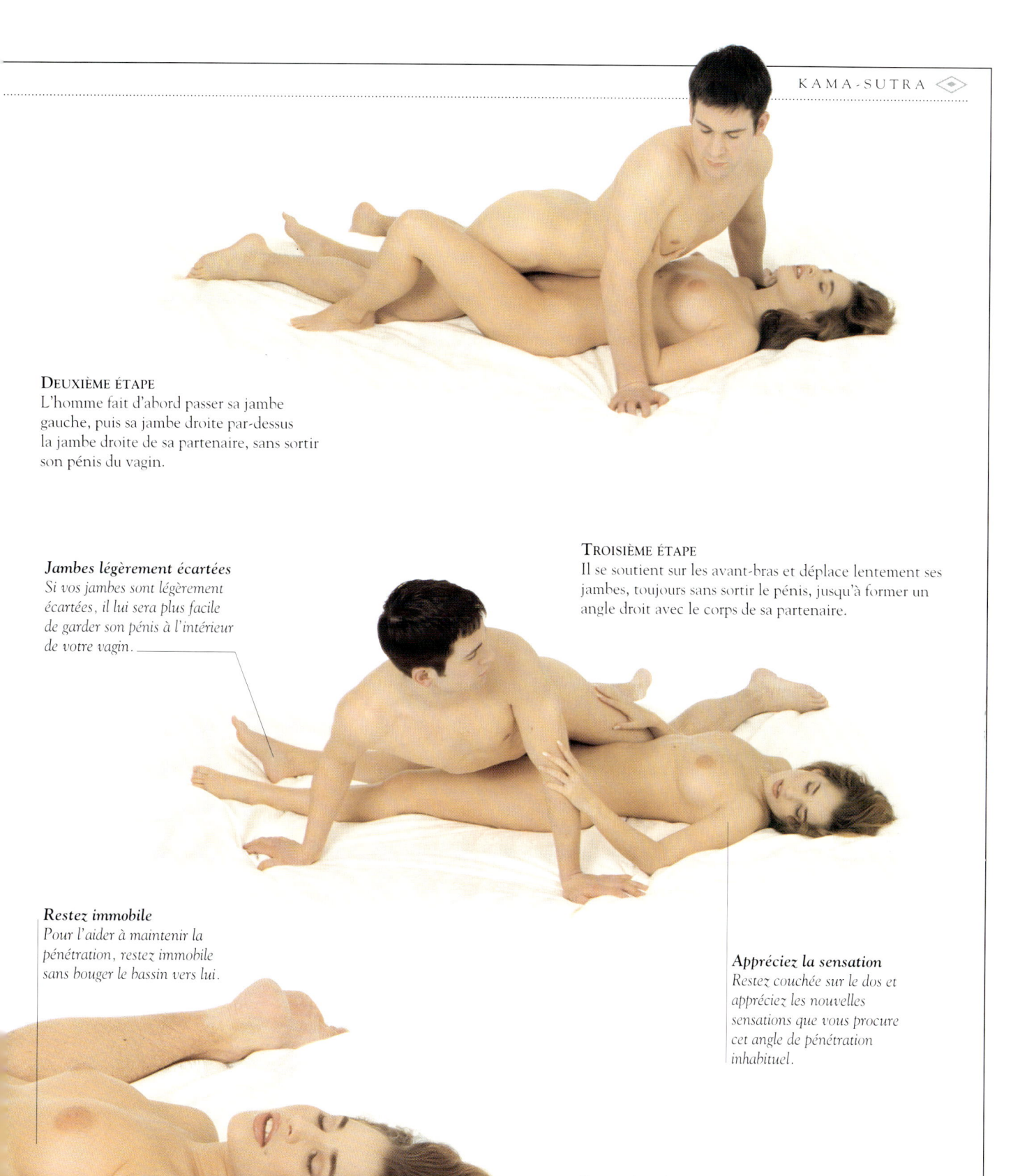

Deuxième étape
L'homme fait d'abord passer sa jambe gauche, puis sa jambe droite par-dessus la jambe droite de sa partenaire, sans sortir son pénis du vagin.

Jambes légèrement écartées
Si vos jambes sont légèrement écartées, il lui sera plus facile de garder son pénis à l'intérieur de votre vagin.

Troisième étape
Il se soutient sur les avant-bras et déplace lentement ses jambes, toujours sans sortir le pénis, jusqu'à former un angle droit avec le corps de sa partenaire.

Restez immobile
Pour l'aider à maintenir la pénétration, restez immobile sans bouger le bassin vers lui.

Appréciez la sensation
Restez couchée sur le dos et appréciez les nouvelles sensations que vous procure cet angle de pénétration inhabituel.

Quatrième étape
Dans cette dernière étape, l'homme place son corps entre les jambes de sa partenaire et une jambe de chaque côté de ses épaules. Qu'il ait ou non réussi à atteindre cette position, il partagera l'opinion de Vatsyayana, qui dit qu'elle ne s'apprend que par la pratique.

LES SCULPTURES ÉROTIQUES

Depuis bien des siècles, le *Kama-sutra*, l'*Anangaranga* et les autres classiques orientaux de l'amour donnent une grande importance aux positions verticales. Le statut privilégié de ces positions réside dans le fait que celles-ci sont représentées dans les sculptures érotiques qui ornent traditionnellement les temples préférentiellement aux positions assises ou couchées.

Tenez-vous
Serrez fermement les mains derrière son cou.

LE CONGRÈS SUSPENDU

L'homme s'appuie contre un mur, la femme passe ses bras autour de son cou et il la soulève en tenant ses cuisses ou en refermant ses mains sous ses fesses.

Cette position exige une certaine force de la part de l'homme. Si la femme est légère, il pourra néanmoins parfois la soutenir d'une seule main et la caresser de l'autre.

Les cuisses
Enserrez sa taille de vos cuisses et appuyez vos pieds sur le mur.

KAMA-SUTRA

Les différences de taille
Faire l'amour debout et face à face peut être difficile si l'homme est beaucoup plus grand que la femme (et *vice versa*). Ce problème peut être atténué si l'homme écarte les jambes et penche légèrement les genoux, ou si elle se place sur la pointe des pieds, mais la plupart des gens ne peuvent conserver longtemps une telle position.

Le coït
Maintenez-la fermement contre vous pour mieux contrôler le mouvement de vos reins.

La pénétration
Écartez les cuisses en enveloppant une jambe autour de lui pour une pénétration plus profonde.

L'équilibre
Écartez légèrement les jambes pour un meilleur équilibre.

LE CONGRÈS APPUYÉ

◇

Le couple trouve sa stabilité en s'appuyant sur le corps l'un de l'autre, sur un mur ou sur un pilier.

Parfois, lorsqu'une passion soudaine les envahit, l'homme et la femme peuvent vouloir se dispenser des préliminaires et faire l'amour debout. L'avantage de s'appuyer contre un mur est que, n'ayant plus à supporter seul tout le poids de la femme, l'homme peut agir plus vigoureusement.

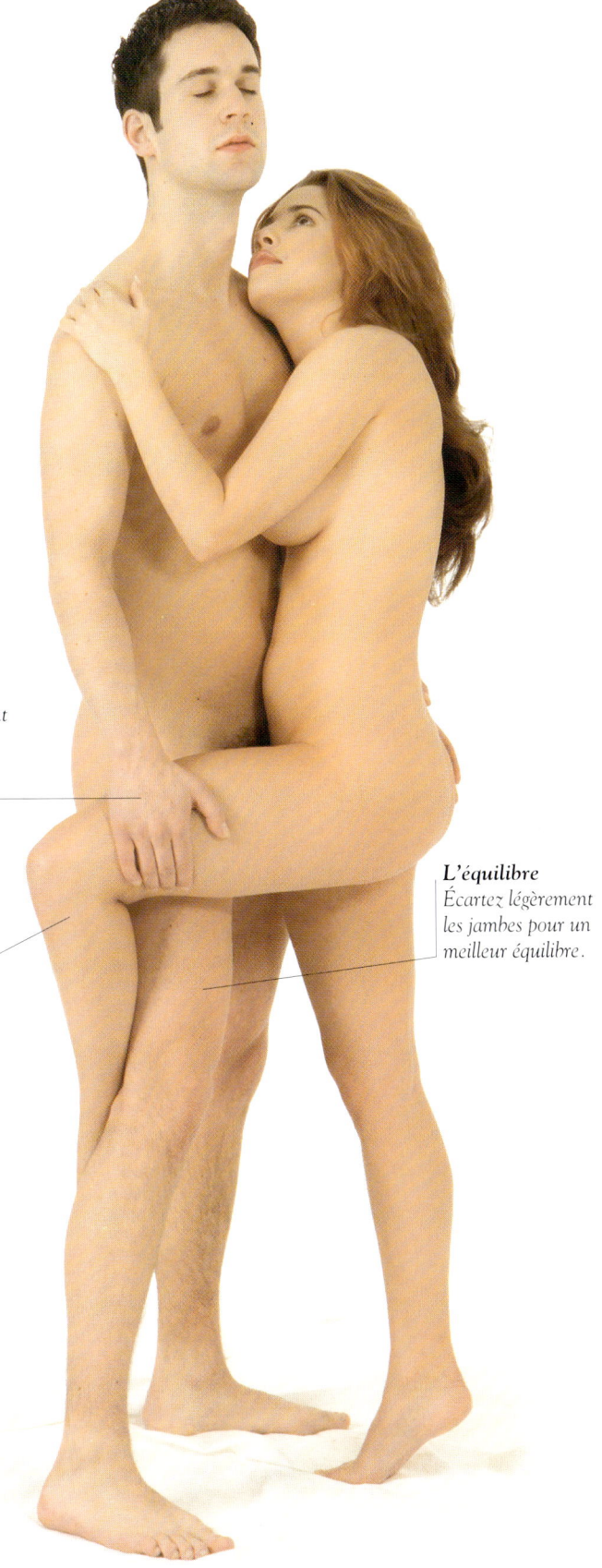

LES POSITIONS DE L'AMOUR

LA FEMME AU-DESSUS

Le *Kama-sutra* propose trois positions lorsque, pour une raison ou pour une autre, la femme se place au-dessus de son partenaire (« jouant le rôle de l'homme »). Elle les choisira comme une variation pour son propre plaisir, ou lorsque son partenaire est fatigué alors qu'elle n'est pas encore satisfaite. Vatsyayana considère ces positions comme transitoires, l'homme reprenant rapidement le rôle actif.

LA TOUPIE

Si l'on en croit Vatsyayana, ce mouvement requiert une grande habileté et ne s'apprend que par la pratique. Alors qu'elle est assise en travers de l'homme, la femme lève les jambes et tourne sur son pénis. Durant cette manœuvre, elle doit prendre garde à ne pas perdre l'équilibre ; sans quoi elle pourrait se blesser et blesser son partenaire.

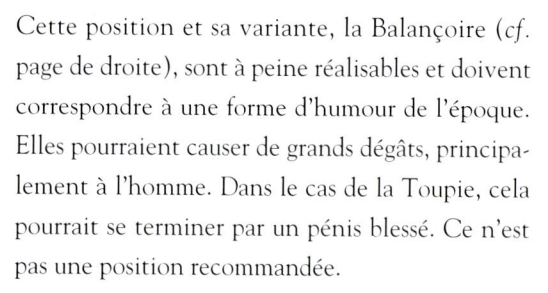

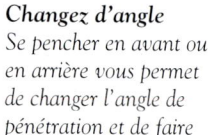

Cette position et sa variante, la Balançoire (cf. page de droite), sont à peine réalisables et doivent correspondre à une forme d'humour de l'époque. Elles pourraient causer de grands dégâts, principalement à l'homme. Dans le cas de la Toupie, cela pourrait se terminer par un pénis blessé. Ce n'est pas une position recommandée.

Maintenez-vous
Posez une main sur sa taille ou sa poitrine pour garder l'équilibre.

Changez d'angle
Se pencher en avant ou en arrière vous permet de changer l'angle de pénétration et de faire varier subtilement les sensations pour les deux amants.

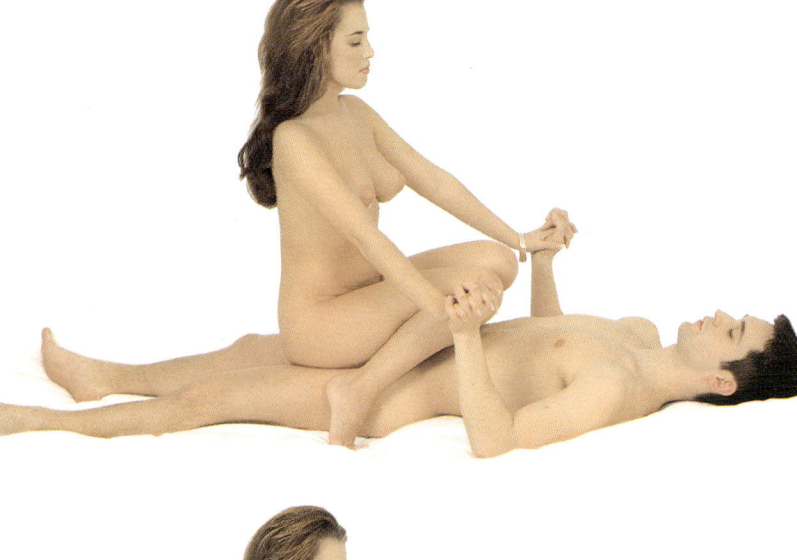

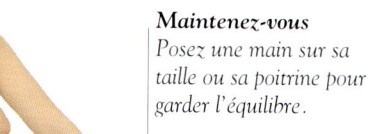

LA BALANÇOIRE

Le *Kama-sutra* suggère que, dans cette variation de la Toupie, l'homme soulève la partie médiane de son corps. Cela n'est possible que si les muscles de son dos sont particulièrement puissants mais il est peu probable qu'il puisse conserver longtemps une telle position. Il est plus pratique pour lui d'être étendu ou assis en s'appuyant sur ses bras.

La version originale de la Balançoire, telle qu'elle est décrite dans le *Kama-sutra*, n'est pas vraiment réaliste et l'homme peut se faire mal au dos. La version proposée ici, en revanche, est tout à fait sûre.

LA PAIRE DE PINCETTES

La femme, agenouillée sur l'homme et lui faisant face, tient le pénis dans son vagin, le serre par des contractions répétées des muscles vaginaux et le maintient ainsi longtemps. La pénétration est profonde.

Cette position est peut-être la plus pratique des trois. En faisant usage de ses muscles vaginaux (*cf.* les exercices de Kegel, p. 77), elle peut exciter l'homme tout en se stimulant elle-même. Certaines femmes utilisent les contractions vaginales pour satisfaire leur compagnon, et les accompagner d'un léger mouvement peut être une méthode douce pour parvenir au plaisir sexuel.

LES POSITIONS DE L'AMOUR

> *Le comportement de la femme doit faire connaître à l'homme dans quelles dispositions elle se trouve, et la manière dont elle veut qu'il jouisse d'elle.*

LA POSTURE DE L'ÉLÉPHANT

La Posture de l'éléphant est l'une des nombreuses positions "animales" citées dans le Kama-sutra. Tout comme le Congrès de la vache (cf. page de droite), elle est également décrite dans l'Anangaranga. La femme est allongée, poitrine, ventre, cuisses et pieds contre le lit. L'homme est étendu sur elle, le dos arqué. Une fois que celui-ci l'a pénétrée, la femme peut donner plus d'intensité aux sensations des deux partenaires en resserrant les cuisses.

Les pénétrations par l'arrière sont généralement profondes, mais il ne fait aucun doute pour Vatsyayana que le plaisir tiré de ces positions vient d'abord de l'association imaginaire avec l'accouplement animal. Cette vision de l'érotisme est assez éloignée de la façon de penser de notre époque, qui juge « plutôt anormal » de fantasmer sur une promenade au zoo.

La pénétration
Glissez votre pénis entre ses cuisses entrouvertes et pénétrez son vagin.

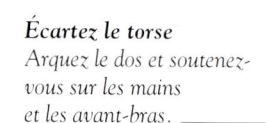

Écartez le torse
Arquez le dos et soutenez-vous sur les mains et les avant-bras.

KAMA-SUTRA

LE CONGRÈS DE LA VACHE

Le symbolisme puissant de l'accouplement animal peut servir à augmenter la passion pour de nombreux couples. Dans cette variation difficile des positions plus communes de pénétration par l'arrière, la femme est penchée et se tient sur ses mains et ses pieds, tandis que son amant monte sur elle comme un taureau. Cette position assure une pénétration profonde et permet à l'homme de contrôler la profondeur et la puissance de ses mouvements de reins.

Par la vertu de leur mimétisme avec l'accouplement animal, les pénétrations par l'arrière offrent un type d'excitation tout particulier tant pour l'homme que pour la femme. S'il est plus difficile pour celle-ci de jouir dans de telles postures, la stimulation additionnelle que peuvent donner les doigts de l'homme sur son pubis et son clitoris (au rythme de ses mouvements de reins) peut s'avérer extrêmement érotique. Cela est tout aussi vrai de la sensation du corps de l'homme heurtant régulièrement ses fesses, ainsi que les régions sensibles du périnée et de l'anus.

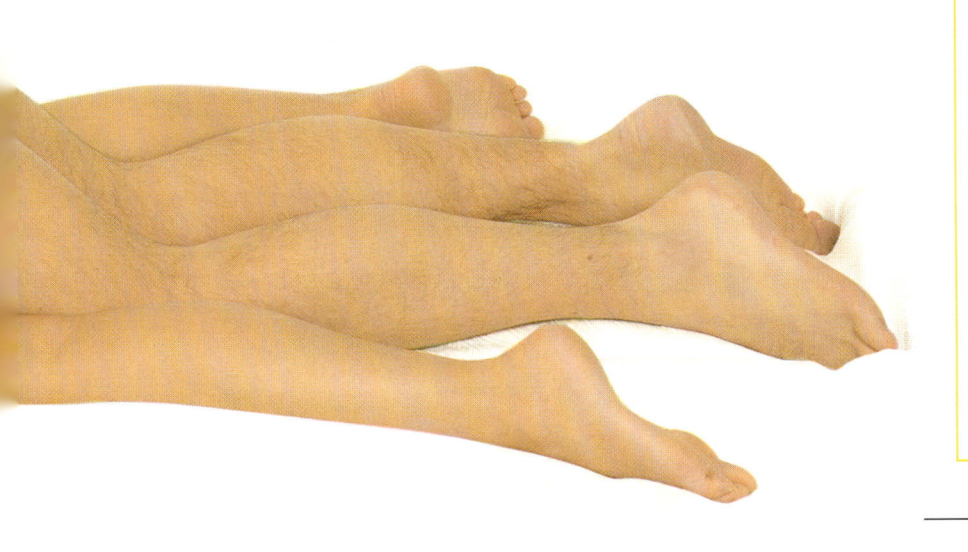

La synchronisation
En tenant fermement ses hanches ou sa taille, vous pouvez la pousser et la tirer en rythme avec vos propres mouvements.

Le soutien
Gardez les jambes écartées et les mains posées sur le sol.

LE POUVOIR DE L'IMAGINATION

Dans son chapitre sur le congrès sexuel, Vatsyayana, l'auteur du *Kama-sutra*, reconnaît implicitement qu'il est impossible de décrire toutes les positions. En revanche, il suggère qu'en cherchant l'inspiration dans les habitudes sexuelles du royaume animal, les amants imaginatifs pourront sensiblement élargir leur répertoire amoureux. Après avoir décrit le Congrès de la vache, Vatsyayana ajoute : « On peut opérer de même le Congrès du chien, le Congrès de la chèvre, le Congrès de la biche, le Violent Assaut de l'âne, le Congrès du chat, le Bond du tigre, la Posture de l'éléphant, le Frottement du sanglier et l'Assaut du cheval et dans tous les cas, on doit imiter les allures de chacun de ces différents animaux. »

Les Positions de l'Anangaranga

S'il a les mêmes origines que le Kama-sutra, l'Anangaranga fut en revanche écrit mille à mille cinq cents ans plus tard, probablement à la fin du XVe siècle ou au début du XVIe. Il est donc par bien des aspects plus proche du classique arabe Le Jardin parfumé, même s'il en est culturellement très éloigné. L'Anangaranga fut traduit en arabe et exerça une forte influence sur les attitudes sexuelles du monde islamique. L'Inde de la fin du Moyen Âge de l'Anangaranga était, tout comme le monde arabe, une société bien plus ordonnée que celle qui avait produit le Kama-sutra. La sexualité s'exprimait librement à l'intérieur et en dehors des liens du mariage à l'époque de Vatsyayana, mais Kalyanamalla, l'auteur de l'Anangaranga, dépeint une société rigide qui condamne les relations extraconjugales. La principale différence entre ces deux classiques hindous est que le Kama-sutra fut écrit pour tous les amants, mariés ou non, tandis que l'Anangaranga valorise le caractère sacré du mariage et destine explicitement ses conseils à l'époux. Les motifs ayant poussé l'auteur à écrire l'Anangaranga sont tout aussi clairs: protéger le mariage de la lassitude sexuelle qui, à cette époque comme aujourd'hui, s'instaure trop facilement dans le couple.

ANANGARANGA

LES POSITIONS DE L'AMOUR

LES POSTURES EN SUPINATION

Dans l'*Anangaranga*, les diverses positions décrites sont divisées en cinq groupes, dénommés *bandha* ou *asana*. Les positions dans lesquelles la femme est étendue sur le dos et l'homme la pénètre en s'agenouillant entre ses cuisses sont appelées *uttana-bandha*, ou postures en supination.

La position des jambes
Placez vos jambes des deux côtés de son cou et laissez reposer vos mollets sur ses épaules.

LES PIEDS AU CIEL

Dans cette position, le premier uttana-bandha, l'homme soulève le corps de sa partenaire, se colle contre elle et place ses jambes tendues sur ses épaules. Si leur taille le permet, la femme peut reposer ses fesses sur le lit, mais c'est moins satisfaisant.

Les couples qui aiment les pénétrations profondes apprécient généralement les *uttana-bandha*. L'homme éprouve un sentiment de puissance parce qu'il peut placer la femme dans une position qui répond parfaitement à son besoin de pénétration, tandis que la femme éprouve un sentiment de vulnérabilité qui peut être hautement érotique.

Augmentez la pression
Serrez les cuisses pour augmenter la pression sur son pénis profondément enfoncé.

La Fleur Éclatée

Couchée sur le dos, la femme plie les jambes et les tire en arrière (« jusqu'à ses cheveux », ajoute l'Anangaranga). Son partenaire la pénètre en étant agenouillé.

Parce que l'homme est agenouillé, il n'a pas besoin de ses mains pour maintenir son équilibre ; il est donc libre de caresser sa partenaire et de flatter ses seins. Par ailleurs, il peut, en soulevant les hanches de la femme, la pénétrer sous un angle qui lui permet de stimuler la paroi frontale du vagin, sur laquelle se trouve le point G.

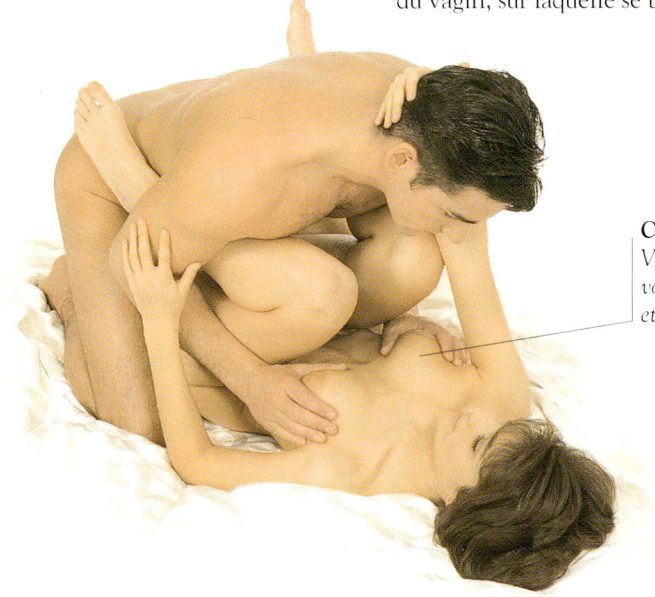

Caressez ses seins
Vos mains étant libres, vous pouvez caresser et flatter sa poitrine.

Le Point G

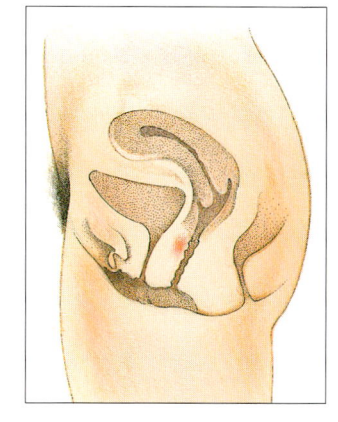

Zone hypersensible de la paroi frontale du vagin, le point G se trouve à environ deux tiers du canal. S'il est pressé fermement, par le pénis ou par un doigt, il produit une puissante sensation érotique. La recherche montre que toutes les femmes ne possèdent pas un point G, mais qu'un grand nombre de celles qui en ont un le savent capable de déclencher un orgasme.

L'Épanouie

Au lieu de reposer sur les épaules de son partenaire, comme dans les Pieds au ciel, les jambes de la femme se glissent des deux côtés de sa taille. Cela permet une pénétration plus profonde et la stimulation peut être encore augmentée si l'homme relève la femme en soutenant de ses mains les fesses de celle-ci.

Lorsqu'il la soulève et soutient le bassin de sa partenaire, l'homme peut par ailleurs appliquer une légère pression sur les fesses, ce qui les écartera du périnée et de l'anus et ajoutera une sensation érotique supplémentaire.

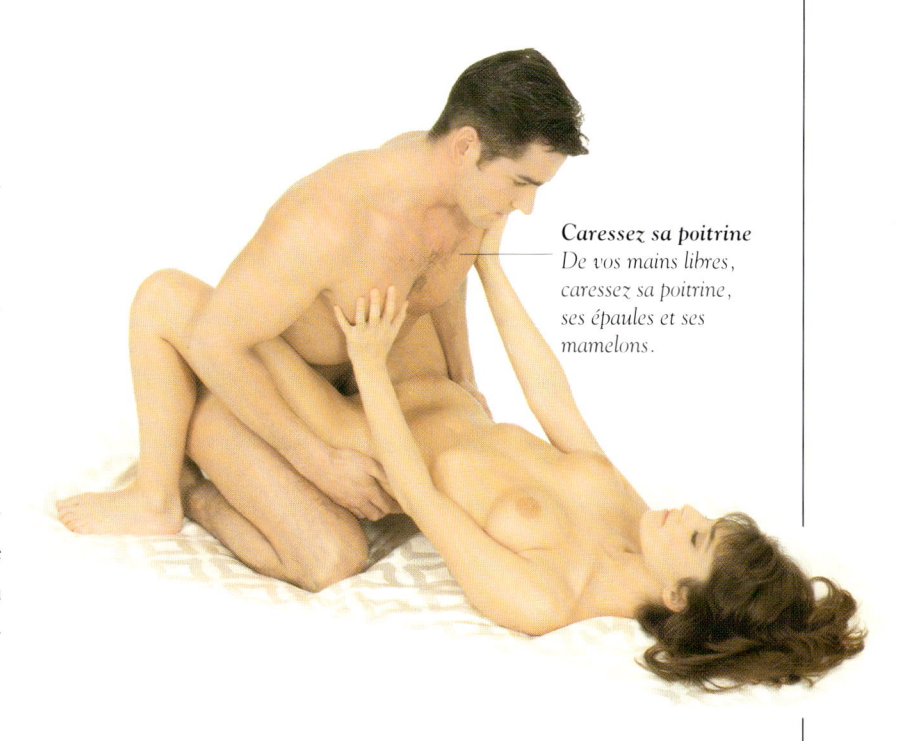

Caressez sa poitrine
De vos mains libres, caressez sa poitrine, ses épaules et ses mamelons.

LES POSITIONS DE L'AMOUR

LA ROUE DE L'AMOUR

L'homme est assis jambes tendues et écartées et sa partenaire vient se glisser sur son pénis, en plaçant ses jambes sur les siennes. Il glisse alors ses bras autour de son corps, en les gardant tendus. De cette façon, il ferme le dessin des membres qui donne son nom à cette position.

La Roue de l'amour illustre un aspect de la sexualité que la plupart d'entre nous ne pratiquent pas et jugent probablement difficile à comprendre. Cette dimension permet au sexe, comme à un type de méditation, de nous mener à un niveau de conscience plus élevé, d'affiner notre appétence et d'améliorer notre bien-être. Le but de la Roue de l'amour n'est pas de faire progresser notre désir sexuel ou de mener à l'orgasme, mais d'atteindre un équilibre psychologique apportant clarté, calme et bonheur.

Face à face
Cette position vous permet de vous embrasser facilement et de vous regarder.

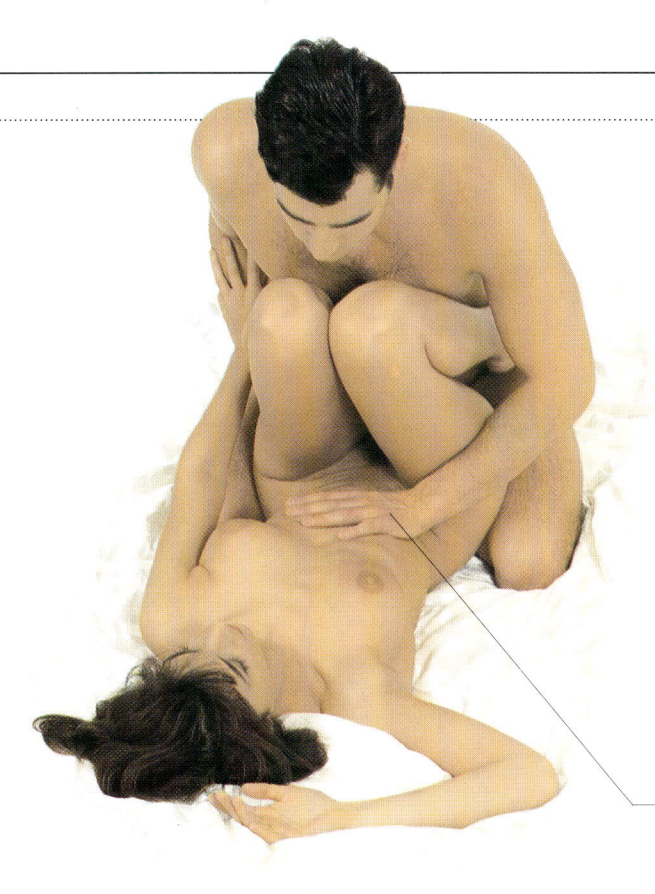

La Posture du Crabe

Étendue sur le dos, la femme relève les jambes et les plie, pour pouvoir les appuyer sur la poitrine de son partenaire lorsqu'il s'agenouille pour se glisser entre ses cuisses. Avant de la pénétrer, il passe ses mains sous ses fesses pour la soulever.

La Posture du crabe fait partie de ces positions dans lesquelles la femme est traitée comme un paquet tandis que l'homme contrôle tous les mouvements. Si la puissance et la vulnérabilité sont un élément important de votre relation, alors vous trouverez ces positions extrêmement stimulantes psychologiquement, mais sexuellement parlant elles ne sont pas très satisfaisantes pour la femme.

Une stimulation supplémentaire
Après la pénétration, laissez reposer ses fesses sur vos cuisses, ce qui libérera vos mains et vous permettra de stimuler son clitoris et de caresser ses seins.

L'Arrivée Imprévue

Cette position est décrite par l'Anangaranga comme une posture « fort appréciée » en son temps. La femme est étendue sur le dos. L'homme, agenouillé, soulève ses fesses et la pénètre. En croisant ses chevilles derrière son dos, elle peut le tirer à lui et augmenter la sensation d'intimité.

Le sentiment qui se dégage de cette position est celui d'une grande tendresse. Cette posture est en fait une étreinte, parce que la femme enveloppe son amant des bras et des jambes, lui exprimant ainsi son amour et sa confiance.

L'étreinte
Refermez vos mains autour de son cou.

Le soutien
Penchez-vous en avant et glissez vos mains sous son dos.

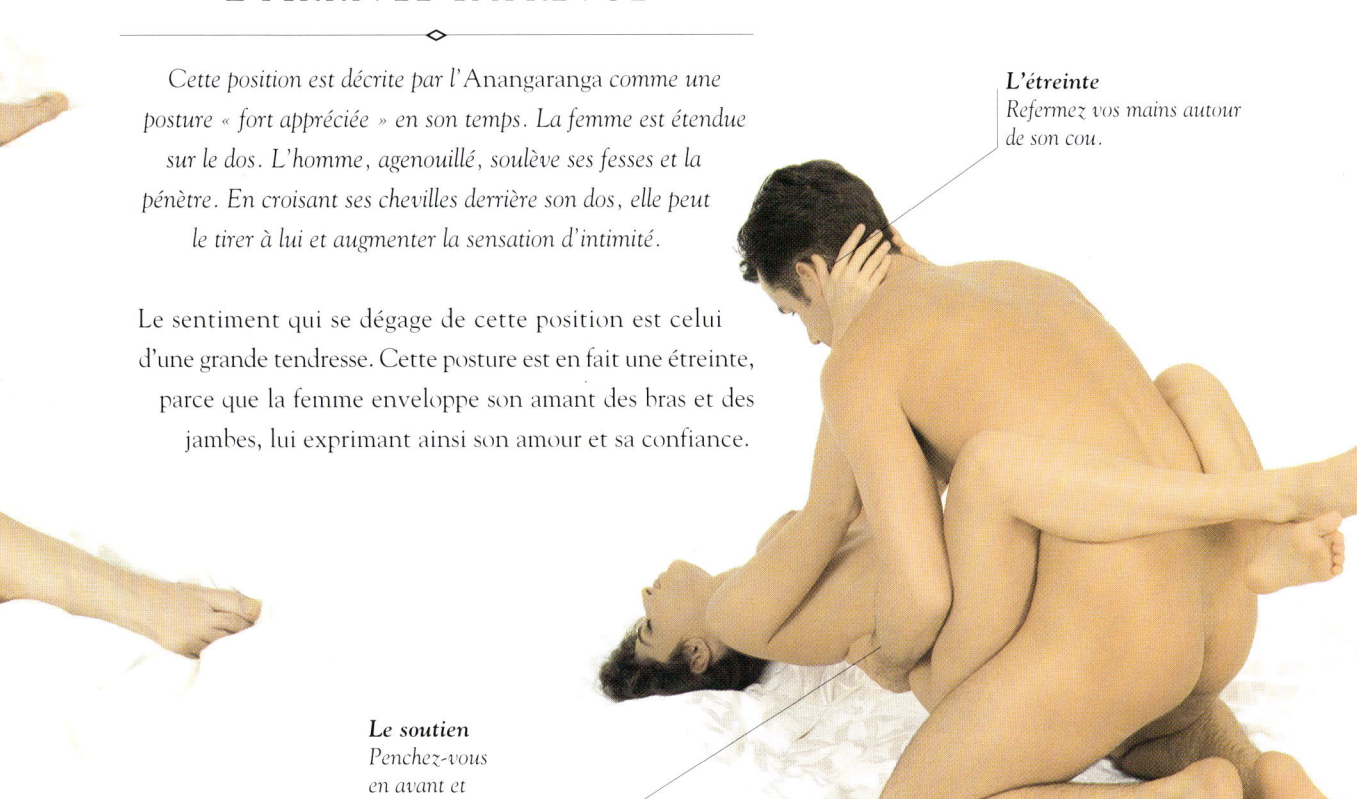

LES POSITIONS DE L'AMOUR

Les Effets de l'Âge sur l'Homme

On s'accorde maintenant à dire que près de un cas sur trois de dysfonctionnement sexuel masculin est dû à des problèmes physiques, résultant généralement des effets de l'âge. Nous savons que le temps peut affecter les artères qui irriguent le pénis et être ainsi une cause d'impuissance. L'âge peut également affaiblir les valvules qui retiennent le sang dans le pénis durant l'érection et la rendre impossible. De plus, les changements hormonaux liés au temps peuvent réduire l'appétit sexuel et les sensations génitales.

Il existe des soins pour certaines de ces affections ; un avis médical peut donc dans ce cas être profitable.

La Position Béante

Des coussins ou oreillers sont utilisés pour arquer le corps de la femme, ainsi que pour amener l'homme à la hauteur requise. L'ouverture du vagin est alors puissamment stimulée. Certaines femmes apprécient cette position pour cette raison et en font un prélude à une pénétration plus profonde.

Élever le bassin sur des coussins, pour que les parties génitales de la femme soient plus ouvertes qu'elles ne le sont lorsque celle-ci est étendue à plat était l'une des thérapies les plus usitées dans les années cinquante pour les femmes qui ne réussissaient pas à atteindre l'orgasme. En fait, il s'agit d'exposer plus ouvertement le clitoris au mouvement du coït, pour qu'il soit mieux stimulé, mais une délicate stimulation du bout du doigt est tout aussi efficace.

Arquez votre corps
Placez des coussins ou oreillers sous le bas du dos pour arquer tout le corps.

Les ajustements
Agenouillez-vous entre ses cuisses pour la pénétrer et utilisez d'autres coussins pour vous ajuster en hauteur si nécessaire.

LA FLEUR ÉPANOUIE

D'après Kalyanamalla, la Posture de la fleur épanouie « convient particulièrement bien à ceux qui brûlent de désir ». Étendue sur le dos, la femme lève un peu les pieds et croise les mollets de façon que ses jambes dessinent un diamant. L'homme se penche alors sur elle et la pénètre, tout comme dans la simple position de l'homme au-dessus.

Pour la femme, cette position peut évoquer un certain asservissement qui, combiné à la large ouverture de son bassin et à l'exposition de son clitoris, rehausse la sensualité du coït. La pénétration n'est pas particulièrement profonde, mais une telle ouverture est excitante pour son amant.

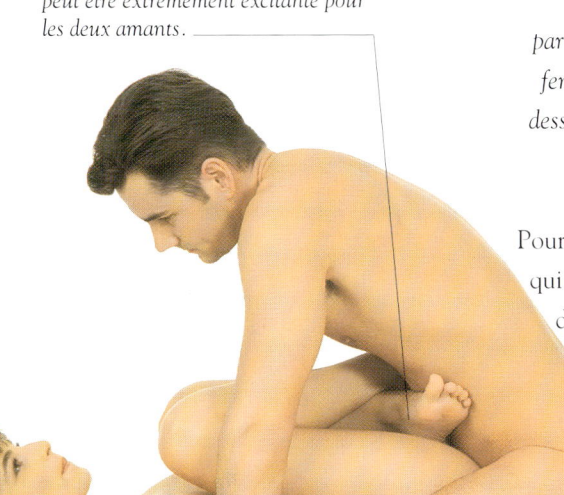

Une forte stimulation
Parce que vos jambes décrivent et encadrent votre vagin, cette position peut être extrêmement excitante pour les deux amants.

Le soutien
Laissez votre poids porter sur vos mains et évitez d'appliquer une trop forte pression sur ses cuisses.

LA GRANDE DÉCHIRURE

Ici, la femme est étendue sur le dos et son partenaire la pénètre à genoux. Il soulève ensuite ses jambes et les place sur son épaule.

Des positions comme celle-ci sont excellentes pour les hommes plus âgés, qui ont besoin de sensations plus fortes durant le coït. Le pénis est déjà serré dans le vagin et la contraction due au mouvement des cuisses fournit la friction supplémentaire qui l'amènera à l'orgasme.

Une forte friction
Gardez les cuisses et les genoux serrés pendant qu'il vous pénètre, pour augmenter la friction sur son pénis.

LES POSTURES SUR LE CÔTÉ

L'Anangaranga décrit trois positions dans lesquelles la femme est étendue sur le côté, face à son amant. On les regroupe sous le nom de *tiryak-bandha*, ou postures transversales. Deux d'entre elles sont présentées ici ; dans la troisième, les jambes des amants sont simplement tendues.

L'Écrin à Bijoux

Dans cette variante chaude et provocante de la position latérale de base, l'homme pénètre la femme et se glisse entre ses cuisses. L'une des jambes de la femme reste sous la sienne et l'autre vient se placer par-dessus sa taille, juste en dessous de la poitrine.

La pénétration est profonde, mais la capacité de mouvement de l'homme est assez limitée. Comme toutes les positions latérales, celle-ci est utile lorsque les deux partenaires sont fatigués, mais encore passionnés. Dans sa description des positions latérales, le *Kama-sutra* indique que l'homme doit reposer sur le côté gauche et la femme sur le côté droit. Kalyanamalla ne fait pas mention de cette règle, qui est sans aucun doute due au fait que, à cette époque comme maintenant, la plupart des hommes étaient droitiers. Mais si un gaucher désire caresser sa partenaire de la main gauche, ou si la femme désire caresser son partenaire de la main droite, alors il est logique de renverser cette position.

De douces caresses
Utilisez votre main libre pour caresser le bras, le visage, le torse, les fesses et les cuisses de l'autre.

La position des jambes
Placez votre jambe sur son corps et laissez reposer le pli du genou sur sa hanche.

ANANGARANGA

L'angle des genoux
Plier légèrement les genoux rendra la position plus aisée à conserver et plus confortable.

LA POSTURE DU LUTH

Les amants sont étendus côte à côte, jambes tendues. Après que la femme a légèrement écarté les cuisses pour le laisser la pénétrer, l'homme lève sa jambe et la repose pliée sur la hanche de sa partenaire.

Les positions latérales sont excellentes pour les hommes qui ont besoin d'une forte friction durant le coït. Les mouvements du pénis sont ressentis par la face intérieure des lèvres, qui sont pressées contre le pénis par la position des cuisses, ce qui offre à la femme de meilleures chances de stimulation et d'orgasme. Et si l'homme se place un peu plus haut en fonction de la position de la femme (c'est-à-dire plus proche de la tête), alors il peut assurer une bonne friction du pénis sur le clitoris. Ces positions sont souvent conseillées dans les programmes de thérapie pour les femmes qui ont des difficultés à atteindre l'orgasme.

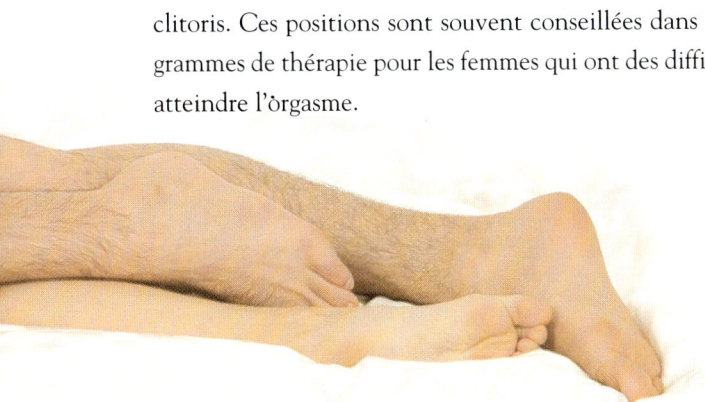

LES QUATRE TYPES DE FEMMES (1er ET 2e)

Kalyanamalla, l'auteur de l'*Ananga-ranga*, divise les femmes en quatre types, selon leur tempérament. Les deux premiers groupes sont la *Padmini* et la *Chitrini*.

LA PADMINI
« Celle en qui apparaissent les signes et symptômes ci-après s'appelle une Padmini, ou femme Lotus. Son visage est plaisant comme la pleine lune ; son corps, bien en chair, est doux comme le *shiras* [un grand arbre odorant] ou la fleur de moutarde ; sa peau est fine, tendre et belle comme le lotus jaune, jamais noire, bien que ressemblant, dans l'effervescence et la lumière pourpre de sa jeunesse, au nuage prêt à se déchirer. Son *yoni* [vulve] ressemble au bouton de lotus qui s'entrouvre et sa semence d'amour (*kama-salila*, l'eau de l'amour) est parfumée comme le lis qui vient de s'épanouir. Elle marche avec la noblesse du cygne et sa voix est grave et musicale comme l'accent de l'oiseau *kokila* [le coucou indien] ; elle aime les vêtements blancs, les fins joyaux et les riches parures. »

LA CHITRINI
« La Chitrini, ou femme Artiste, est de taille moyenne, ni trop grande ni trop petite, avec des cheveux noirs et un cou mince, rond, nacré ; sa taille est fine comme celle du lion ; ses seins sont pleins et magnifiques ; ses hanches lourdes et merveilleusement galbées. Les poils sont fins près du *yoni*, le mont de Vénus est doux, élevé et rond. La *kama-salila* est chaude, a le parfum du miel et produit par son abondance un bruit durant les rapports. Ses yeux sont toujours en mouvement et sa démarche est coquette, comme le balancement d'un éléphant. »

La kama-salila correspond aux sécrétions vaginales, supposées à l'époque être l'équivalent féminin du sperme.

LES POSTURES ASSISES

Les six positions suivantes forment ce que l'*Anangaranga* appelle *upavishta*, ou postures assises.

LA POSITION DU LOTUS

Dans cette position, la plus directe de toutes les postures assises et que Kalyanamalla qualifie de « favorite des amants », l'homme est assis en tailleur et la femme, assise sur ses cuisses face à lui, s'abaisse sur son pénis. L'Anangaranga suggère que l'homme place ses mains sur les épaules de sa partenaire, mais il peut tout aussi bien préférer enlacer son corps ou son cou, ce qui est peut-être plus confortable et certainement plus affectueux.

Les positions assises peuvent être chaleureuses, enthousiastes, comiques, acrobatiques ou plaisantes, selon votre état d'esprit du moment. Ce sont principalement des positions qui servent le plaisir de l'homme, parce que la femme fait presque tout. Mais l'un des points forts des textes hindous est que, si ces manuels sont toujours écrits par et pour des hommes, ils n'oublient jamais de se préoccuper du plaisir et des besoins des deux partenaires.

Les caresses
Utilisez vos mains pour vous caresser le cou, les épaules, les bras, le dos.

Des baisers passionnés
Elle sera excitée par des baisers sur ses seins et sa gorge.

Les Quatre Types de Femmes (3ᵉ et 4ᵉ)

Les deux autres types de femmes selon Kalyanamalla sont la *Shankhini* et la *Hastini*.

La Shankhini
« La Shankhini, ou femme Conque, est de tempérament bilieux ; sa peau est toujours chaude et de couleur fauve, ou d'un brun cuivré ; son corps est lourd, sa taille épaisse et ses seins petits. Son *yoni* est toujours moite d'une *kama-salila* très nettement salée ; son pubis est couvert d'une épaisse toison. »

La Hastini
« La Hastini, ou femme Éléphant, est courtaude ; son corps est épais et grossier et sa peau, si elle est claire, est d'une pâleur mortelle ; ses cheveux sont fauves, ses lèvres épaisses ; sa voix est dure, rauque et bredouillante ; son cou est tors. Sa démarche est lente et hésitante ; souvent, les orteils d'un pied sont difformes. Son *kama-salila* a l'odeur de la sueur qui coule des tempes de l'éléphant au printemps. »

Pliez les genoux
Asseyez-vous genoux pliés, les pieds posés à plat sur le lit.

Le Pied Levé

Cette variante de la Position du lotus fait légèrement lever une jambe à la femme, qui peut s'aider d'une main pour conserver son équilibre. Ce mouvement permet de faire varier la tension du vagin sur le pénis.

Comme toutes les autres positions face à face, celle-ci permet au couple de s'embrasser et à l'homme de flatter les seins de sa partenaire. En revanche, les mouvements de reins de l'homme sont assez restreints.

LES POSITIONS DE L'AMOUR

Penchez-vous en arrière
Appuyez-vous sur vos bras et tenez-vous à ses jambes.

Le Siège de Cocher ou Posture Charmante

Assise en travers de l'homme et face à lui, la femme détend ses jambes le long du corps de celui-ci, les passant sous ses bras à hauteur des coudes.

D'après Kalyanamalla, l'homme doit placer les jambes de la femme en position après qu'elle s'est assise en travers de lui, mais les deux partenaires peuvent indifféremment assurer ce mouvement dans la chaleur de la passion depuis la simple position assise qui mène généralement à celle-ci. Il lui est également suggéré de refermer ses mains derrière la nuque de sa partenaire, mais cette position fait partie de celles dans lesquelles les mains peuvent jouer un rôle plus actif et il serait dommage de ne pas en profiter.

La Corde sur le chaperon du Cobra

Dans cette position, la femme est assise en travers de l'homme, face à lui et les deux partenaires tiennent les pieds l'un de l'autre. Cette posture permet au couple de se balancer en avant et en arrière en un mouvement simulant celui d'une scie ; mais, parce que l'ampleur en est limitée, il est préférable de la choisir lorsque l'homme est fatigué, ou est déjà satisfait et poursuit le coït pour le plaisir de sa partenaire.

Les deux positions assises de cette double page sont des exemples de jeux sexuels. Il est à peu près impossible d'en tirer une réelle stimulation sexuelle, mais elles sont très agréables pour les couples qui désirent un interlude espiègle, ou veulent juste s'amuser.

Le regard
Vous pouvez échanger des regards amoureux, ou observer ce qui se passe « en bas ».

TENSION SEXUELLE ET ORGASMES MULTIPLES

Les sexologues américains Hartman et Fithian recommandent aux couples en quête d'orgasmes multiples d'opter pour un coït lent et d'éviter les coups de reins vigoureux : il leur faut au contraire laisser leur désir et leurs réactions se développer lentement, sans précipitation.

La raison en est que, pour obtenir des orgasmes multiples, les hommes et les femmes ont besoin d'accumuler une tension bien plus grande que celle qui est nécessaire à un simple orgasme. Pour y parvenir, il faut mener l'excitation tant physique que mentale à son comble.

Les diverses positions assises proposées par l'*Anangaranga* peuvent dans ce contexte s'avérer fort utiles parce que, n'étant pas propices aux mouvements vigoureux, elles ne fatiguent pas et permettent au couple de contrôler la progression de la tension sexuelle plus sûrement que dans la plupart des autres positions.

LES POSITIONS DE L'AMOUR

LES JAMBES JUMELLES

L'homme est assis, les jambes grandes ouvertes et la femme se glisse sur lui, ses jambes par-dessus les siennes. Une fois la pénétration achevée, il referme les cuisses de sa partenaire et les tient serrées.

Aucun des deux partenaires ne peut beaucoup bouger dans cette position, mais la pression des cuisses de la femme contracte son vagin, produisant des sensations plaisantes tant pour elle-même que pour l'homme. Cette posture présente également l'avantage d'installer le sentiment d'intimité propre à toutes les positions assises face à face.

Caressez ses cuisses
Caressez et pétrissez doucement ses cuisses lorsque vous les tenez serrées.

Détendez-vous
Reposez-vous en arrière sur vos coudes et laissez votre corps se relaxer.

ANANGARANGA

La Bataille

L'homme soulève la femme en faisant passer ses jambes (à elle) par-dessus ses bras (à lui) à hauteur du coude et la déplace d'un côté à l'autre. Dans la variation appelée Posture à la manière des singes, il la fait se mouvoir d'avant en arrière plutôt que de droite à gauche.

Parce que l'homme doit soulever la femme et la déplacer sur son pénis, cette position n'est à conseiller qu'aux couples formés d'un homme fort et d'une femme légère, certainement les seuls susceptibles de la réaliser.

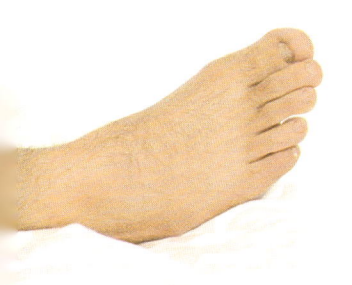

Les Trois Types d'Hommes

Tout comme il divise les femmes en quatre groupes, Kalyanamalla considère qu'il existe trois types d'hommes : le *Shasha*, ou homme Lièvre ; le *Vrishabha*, ou homme Taureau ; le *Ashwa*, ou homme Cheval.

Le Shasha
« Le Shasha est connu pour avoir un *lingam* qui, en érection, ne dépasse pas six largeurs de doigts (7,5 cm). L'homme est petit et mince, mais bien proportionné ; il a de petites mains, genoux, pieds, aines et cuisses, ces dernières étant plus sombres que le reste de sa peau. Ses traits sont clairs et bien dessinés ; son visage est rond, ses dents courtes et fines, ses cheveux soyeux et ses yeux larges et bien ouverts. Il est humble dans son comportement ; son appétit pour la nourriture est mesuré et il est modéré dans ses appétits charnels. Enfin, il n'y a rien de désagréable dans son *kamasalila*, ou sperme. »

Le Vrishabha
« Le Vrishabha est connu pour avoir un *lingam* de neuf largeurs de doigts (11,4 cm). Son corps est fort et robuste, comme celui d'une tortue ; sa poitrine est large, son ventre dur et ses bras puissants. Il est de caractère cruel et violent, impatient et irascible et son *kamasalila* est toujours disponible. »

Le Ashwa
« Le Ashwa est connu pour avoir un *lingam* de douze largeurs de doigts (15 cm). Il est grand et large et son goût va aux femmes grosses et robustes, jamais à celles aux formes délicates. Il est irréfléchi, passionné et avide, glouton, versatile, paresseux et dort beaucoup. Il fait peu de cas de l'acte sexuel, excepté lorsque le spasme s'approche. Son *kamasalila* est abondant, d'odeur salée, et proche de celui du bouc. »

◆ LES POSITIONS DE L'AMOUR

LA FEMME AU-DESSUS

L'*Anangaranga* détaille trois positions pour lesquelles la femme est au-dessus, qui doivent être utilisées lorsque l'homme est fatigué ou lorsqu'il n'a pas satisfait sa partenaire. Ces positions sont appelées *purushayita-bandha*, ou positions aux rôles inversés et ont ceci de fascinant qu'elles montrent que la satisfaction de la femme était à l'époque considérée comme aussi importante que celle de l'homme. Les méthodes suggérées ici indiquent par ailleurs une profonde conscience de la façon dont les réactions sexuelles de la femme diffèrent de celles de l'homme. Ces positions sont annonciatrices des techniques préconisées par les sexologues modernes.

Le confort
Placez un oreiller sous votre tête pour la regarder confortablement vous faire l'amour.

LE VA-ET-VIENT

Kalyanamalla compare la femme dans cette position à une grande abeille, et certifie qu'elle y trouve une satisfaction pleine et entière. Elle s'installe sur les cuisses de l'homme, insère son pénis, serre fermement les cuisses et adopte un mouvement de va-et-vient.

Grâce à la liberté de mouvement que lui offre cette position, la femme peut contrôler la vitesse, l'angle et l'intensité du mouvement de son bassin. Elle peut également faire varier les sensations qu'elle ressent en jouant sur la profondeur de la pénétration.

ANANGARANGA

LA FLEUR OUVERTE

Pour la femme dont la passion n'a pas été satisfaite par la copulation précédente, l'Anangaranga recommande la Posture de la fleur ouverte. Assise en tailleur sur les cuisses de l'homme, elle se saisit du pénis et l'introduit dans son vagin, puis se meut de haut en bas.

Tout comme dans les autres positions de ce type, la femme peut ici faire varier l'angle du pénis, de façon à obtenir le type de stimulation qu'elle désire ; elle peut, en particulier, s'assurer d'un contact avec son point G (*cf.* p. 93). Elle peut également stimuler son clitoris, ce qui, ajouté à son mouvement sur le pénis, a de fortes chances de la mener à l'orgasme.

Une stimulation supplémentaire
Tandis qu'elle stimule son clitoris, augmentez son excitation de caresses sur les cuisses.

LA POSITION INVERSÉE

L'homme est étendu sur le dos et la femme vient se placer sur lui et insérer le pénis. Plaquant ses seins contre lui et se maintenant en se serrant à sa taille, elle déplace ses hanches dans toutes les directions.

Comme les autres positions avec la femme au-dessus, la Position inversée offre à celle-ci le contrôle du coït. Le sentiment de puissance que cela lui donne peut participer à son excitation et le plaisir de l'homme peut également en être augmenté.

Les Positions du *Jardin Parfumé*

Dans la culture nord-africaine de la fin du XVe siècle et dans le monde voué aux hommes dans lequel il a été écrit, Le Jardin parfumé du cheikh Nefzaoui était sans doute considéré comme une somme de connaissances qui devait être cachée aux femmes, un recueil de conseils pratiques dont elles n'auraient su que faire. Ce texte offre des instructions détaillées, souvent rédigées dans une langue imagée et poétique, sur ce qu'un homme doit faire à ses femmes et ses maîtresses et avec elles, mais aborde à peine leur expérience à elles. Même s'il paraît souvent désuet et parfois étrange, Le Jardin parfumé va au cœur du sujet, décrivant des positions et des techniques qui enrichissent l'expérience sexuelle tant de l'homme que de la femme. À mesure que les femmes se libèrent des stéréotypes sexuels qui les ont réduites à être les simples objets du désir de l'homme, nombre d'entre elles recherchent le moyen d'améliorer leur plaisir sexuel. Pour celles-ci, le premier objectif est d'abandonner leur rôle passif et de décider avec leur partenaire de ce qu'elles désirent trouver dans le sexe. Explorer les positions décrites dans les pages qui suivent devrait les aider dans cette quête. Le Jardin parfumé décrit onze positions principales, suivies de nombreuses variations, certaines étant inspirées des classiques hindous et des textes d'autres cultures.

LE JARDIN PARFUMÉ

LES POSITIONS DE L'AMOUR

Première Manière

Position simple et directe avec l'homme au-dessus, cette posture est décrite par le cheikh Nefzaoui comme « convenant à celui qui a le membre long. »

Je pense que le cheikh Nefzaoui a plus à voir avec nos sexologues modernes que tous les autres auteurs anciens cités ici. Il donne des conseils fort sensés au sujet des différences physiques entre l'homme et la femme. Ici, par exemple, il a choisi une position classique dans laquelle un homme au membre long peut facilement ajuster la profondeur de sa pénétration pour éviter de blesser sa partenaire. C'est une considération à ne pas perdre de vue lorsque l'homme et la femme ont de grandes différences physiologiques.

Position des cuisses
Couchez-vous sur le dos et levez les cuisses avant qu'il ne vous pénètre.

Un mouvement cadencé
Lorsque vous l'aurez pénétrée, portez votre poids sur vos bras et agrippez le lit des orteils pour mieux contrôler le rythme et la profondeur de votre mouvement de reins.

Une pénétration plus aisée
En tirant autant que possible vos jambes en arrière, vous relèverez votre vagin et faciliterez ainsi la pénétration à votre partenaire.

Deuxième Manière

Il serait difficile de prétendre que cette position est confortable pour la femme, mais cela n'empêche pas le cheikh Nefzaoui de la recommander « à celui dont le membre est court. »

Avoir un petit pénis est une honte pour la plupart des hommes et des fortunes ont été faites par ceux qui prétendaient pouvoir allonger ou élargir les membres de petite taille. La deuxième manière est une méthode très efficace pour faciliter le coït à un homme particulièrement « sous-équipé », mais il est fort probable que sa partenaire la juge trop difficile ou trop inconfortable. Dans ce cas, le couple devrait envisager des alternatives au coït susceptibles de satisfaire les deux partenaires, à savoir la masturbation, la masturbation mutuelle, les rapports bucco-génitaux et l'usage d'artifices sexuels.

Troisième Manière

C'est une excellente position pour qui veut une pénétration réellement profonde ; elle a peut-être été inspirée par la Position béante (cf. p. 68) que décrit le Kama-sutra.

Cette position permet la plus grande pénétration possible, mais je recommande de ne l'utiliser qu'une fois que la femme est pleinement excitée, de façon que son vagin soit prêt à être profondément pénétré. Durant l'excitation sexuelle, le canal vaginal subit une transformation qui lui permet en s'élargissant d'être pénétré plus profondément.

Concernant les hommes dignes d'éloges

D'après le cheikh Nefzaoui, l'homme « qui mérite les faveurs est, dans l'œil des femmes, celui qui est anxieux de les satisfaire ». Quant aux attributs physiques de l'homme digne d'éloges, il ajoute : « Lorsqu'un homme méritant se trouve près des femmes, son membre grossit, devient fort, vigoureux et dur ; il est lent à éjaculer et, après le tressaillement causé par la sortie du sperme, il est prompt à l'érection. Un pareil homme est goûté et apprécié par les femmes ; il faut donc que son membre soit riche en dimensions ; qu'il soit long pour la jouissance ; qu'il pénètre au fond du canal de la femme, le bouche complètement et y adhère dans toutes ses parties. »

La position des jambes
Agenouillez-vous entre ses jambes, puis soulevez l'une d'entre elles pour la placer sur votre épaule et glissez l'autre sous votre bras.

Sachez attendre
Parce que cette position permet une pénétration maximale, ne l'adoptez pas tant que vous n'êtes pas totalement excitée et que votre vagin n'est pas pleinement détendu.

LES POSITIONS DE L'AMOUR

Quatrième Manière

Faire varier l'angle de pénétration peut produire toute une gamme de sensations nouvelles pour les deux amants. La quatrième manière, dans laquelle l'homme place les jambes de sa partenaire sur ses épaules avant de la pénétrer, permet au couple de trouver un angle de pénétration particulièrement plaisant.

Un amant inexpérimenté pourrait se blesser et blesser sa partenaire s'il la pénétrait sous un mauvais angle, mais en soulevant légèrement le corps de celle-ci avant la pénétration, il évitera facilement ce problème. Ce serait évidemment une bonne idée de sa part de l'embrasser et la caresser bien avant de commencer le coït, de façon que son vagin soit déjà convenablement lubrifié.

Jambes tendues
Gardez les jambes tendues ou, si vous préférez, posez vos mollets sur ses épaules.

L'angle de pénétration
Avant la pénétration, soulevez son bassin de façon à pouvoir abaisser son vagin sur votre pénis selon l'angle le plus plaisant.

LE JARDIN PARFUMÉ

Cinquième Manière

Ici, dans la plus simple des positions côte à côte, les deux partenaires sont allongés jambes tendues et la femme soulève une jambe pour permettre à l'homme de la pénétrer. Nefzaoui prévient les amants que cette position prédispose aux douleurs rhumatismales.

Une pénétration profonde
Pliez la jambe et placez-la sur la sienne pour assurer une pénétration plus profonde.

Les positions dans lesquelles homme et femme sont côte à côte et se font face, comme celle-ci, sont excellentes pour l'inspiration de sentiments profonds et pour l'expression de la tendresse.

Sixième Manière

Parce qu'il pénètre la femme depuis une position agenouillée stable, l'homme dispose de ses mains et peut caresser son dos et ses seins, ou stimuler son clitoris. Il peut par ailleurs la tenir par la taille ou les hanches et la mouvoir d'avant en arrière sur son pénis.

Je pense que cette position classique avec pénétration par l'arrière engendre un érotisme puissant et primaire. Si à un moment de notre évolution nous avons effectivement été proches du singe, alors nous avons dû copuler de cette manière. Les fesses sont considérées par les anthropologues comme de puissants signaux sexuels et certains ont suggéré que la raison pour laquelle les seins de la femme sont à ce point développés, en comparaison des autres primates, c'est qu'ils imitent l'attrait des fesses.

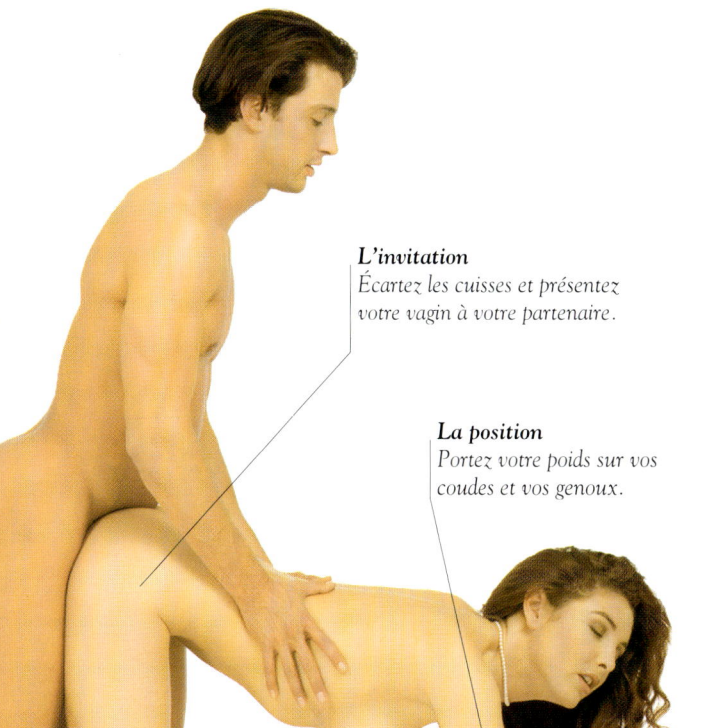

L'invitation
Écartez les cuisses et présentez votre vagin à votre partenaire.

La position
Portez votre poids sur vos coudes et vos genoux.

◇ LES POSITIONS DE L'AMOUR

Concernant les femmes dignes d'éloges

Dans sa description des femmes admirables, le cheikh Nefzaoui exige une quasi-perfection physique, même si certaines des caractéristiques qu'il juge attirantes le seraient beaucoup moins pour nous aujourd'hui.

« Pour qu'une femme soit goûtée par les hommes, il faut qu'elle ait la taille parfaite, qu'elle soit riche en embonpoint. Ses cheveux seront noirs, son front large ; ses sourcils auront la noirceur des Éthiopiens, ses yeux seront grands et d'un noir pur, le blanc en sera limpide. Ses joues seront d'un ovale parfait ; elle aura un nez élégant et la bouche gracieuse ; ses lèvres seront vermeilles, ainsi que sa langue ; son buste large, ainsi que son ventre ; ses seins devront être fermes et remplir sa poitrine ; la partie inférieure du ventre sera large, la vulve saillante et charnue, depuis l'endroit où croissent les poils jusqu'aux deux fesses ; le conduit en sera étroit, sans aucune humidité, doux au toucher et émettant une forte chaleur ; ses cuisses seront dures, ainsi que ses fesses ; sa taille sera bien prise ; ses mains et ses pieds se feront remarquer par leur élégance.

Si une femme qui a ces qualités est vue par-devant, on est fasciné ; si elle est vue par-derrière, on en meurt de plaisir. »

Septième Manière

Le Jardin parfumé précise que, dans cette position, la femme doit reposer sur le côté tandis que l'homme s'agenouille et amène l'une de ses jambes sur son épaule, mais c'est un peu moins difficile si elle est étendue sur le dos.

Que la femme soit étendue sur le côté ou sur le dos, cette position est réservée aux acrobates et ne doit pas être prise au sérieux. Mais vous pouvez la trouver très plaisante si vous l'intégrez à une séquence « sportive ».

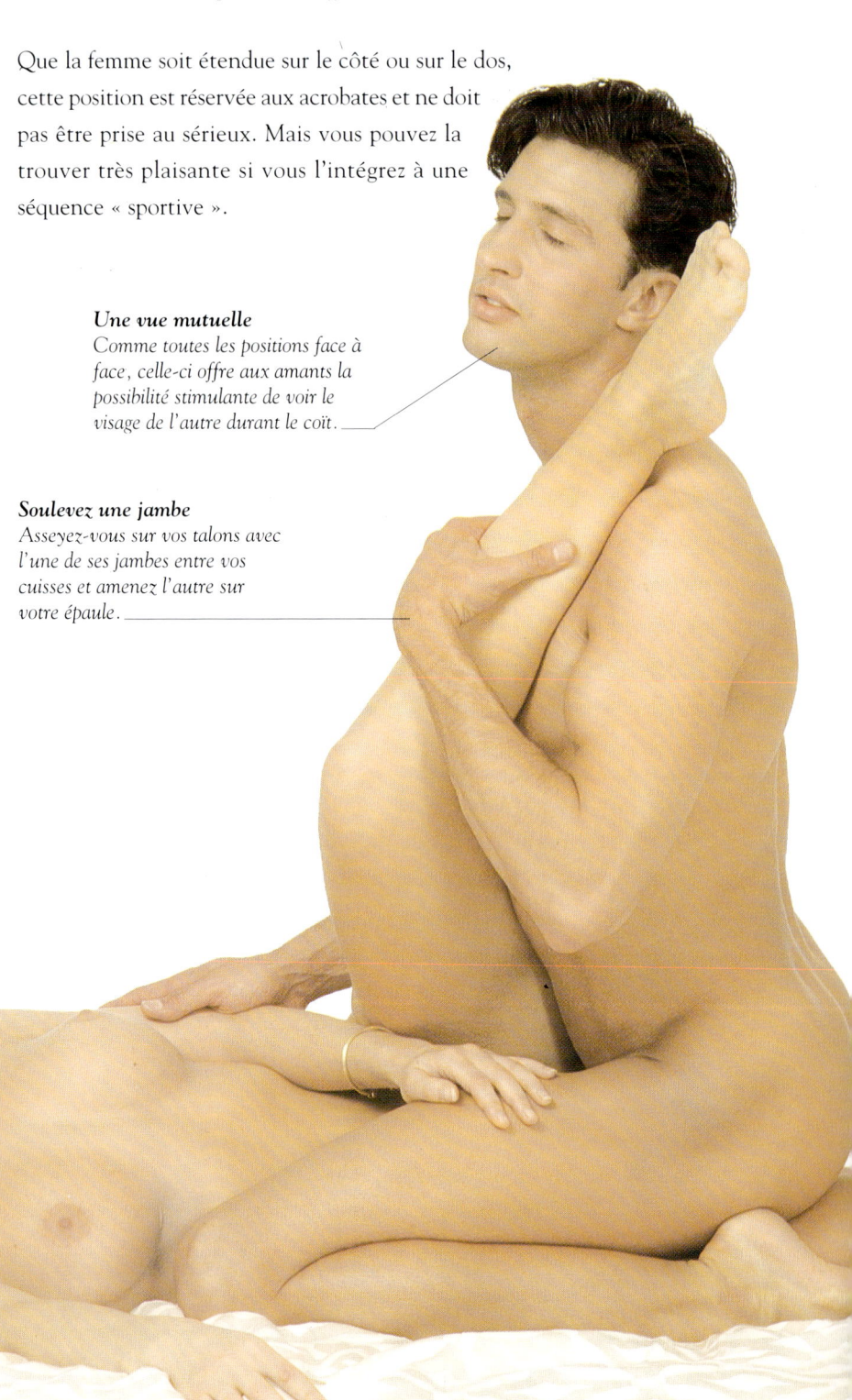

Une vue mutuelle
Comme toutes les positions face à face, celle-ci offre aux amants la possibilité stimulante de voir le visage de l'autre durant le coït.

Soulevez une jambe
Asseyez-vous sur vos talons avec l'une de ses jambes entre vos cuisses et amenez l'autre sur votre épaule.

LE JARDIN PARFUMÉ

Des variations subtiles
Les sensations des deux partenaires peuvent fortement varier si vous vous penchez plus en avant ou en arrière durant le coït tout en poursuivant le mouvement des reins.

Une pénétration confortable
Agenouillez-vous en travers d'elle et positionnez-vous soigneusement, de façon à trouver un angle de pénétration confortable pour vous deux.

Croisez les jambes
Restez étendue sur le dos avec les jambes croisées et les cuisses ouvertes.

Huitième Manière

En changeant la position des hanches de la femme, l'homme peut faire varier l'angle et la profondeur de la pénétration ; de plus, parce qu'il est agenouillé, ses mains sont libres et il peut caresser le corps de sa partenaire. Celle-ci peut soit tirer ses jambes croisées vers elle avant qu'il ne la pénètre, soit, comme le suggère Le Jardin parfumé, les croiser sous ses cuisses pour qu'il puisse s'agenouiller en travers d'elle.

Chacune des deux variantes de cette position aux jambes croisées a ses avantages. Je conseille la première (jambes tirées en arrière) si vous désirez une pénétration profonde et une excitation du point G, et la seconde si vous préférez une stimulation clitoridienne.

LES POSITIONS DE L'AMOUR

Neuvième Manière

Cette position offre une large variété de sensations. Elle a trois grandes variantes – deux avec pénétration par l'arrière et une face à face – et permet de faire l'amour aussi bien habillés que nus. Dans les versions avec pénétration par l'arrière, la femme peut s'allonger sur le ventre sur le lit en ayant les genoux à terre, ou se dresser et se pencher vers le lit. Dans la version face à face, elle est étendue sur le dos sur le lit, les pieds par terre.

De nos jours, cette position est l'une des plus courantes dans les fantasmes et dans la réalité, lorsqu'il s'agit de faire l'amour sur un bureau, une table de cuisine, ou n'importe quelle autre surface qui n'est pas un lit.

Un coït facilité
Garder le corps presque droit en la tenant par la taille ou les hanches facilitera grandement les mouvements de reins.

LE JARDIN PARFUMÉ

Dixième Manière

Malgré les apparences, cette position laisse le contrôle du coït à la femme – le mouvement des deux partenaires est limité, mais c'est elle qui l'engage et lui qui doit s'adapter à son rythme. La femme est étendue sur le lit, jambes levées et écartées et il s'agenouille entre ses cuisses. Une fois qu'il a introduit son membre, l'homme se penche en avant, se saisit de la tête de lit et les deux amants amorcent alors un va-et-vient.

Un mouvement de va-et-vient comme celui-ci, alors que les deux amants s'accrochent au bois du lit, peut augmenter les sensations du coït et le rendre plus excitant.

Tenez-vous au lit
Portez les mains en arrière et agrippez la tête de lit.

Serrez les genoux
Glissez vos jambes autour de ses hanches et maintenez-le dans votre étreinte.

Agenouillez-vous confortablement
Pour plus de confort, agenouillez-vous sur un oreiller ou un coussin.

Onzième Manière

Bien que les mouvements de la femme en réponse à ceux de son partenaire soient restreints dans cette position, l'intense stimulation que celle-ci procure et la profonde pénétration qu'elle permet compenseront plus que largement cette limitation.

Cette position classique permet une pénétration profonde et une grande stimulation clitoridienne. Le mouvement du coït créera une friction cadencée entre les lèvres et le clitoris qui devrait la mener à l'orgasme.

Une stimulation supplémentaire
Donnez-lui encore plus de plaisir en caressant ses fesses et son dos.

Rapprochez les pieds
Une fois qu'il vous a pénétrée, refermez les jambes pour placer les plantes de vos pieds l'une contre l'autre.

117

◆ LES POSITIONS DE L'AMOUR

DES DIVERS NOMS DES PARTIES SEXUELLES DE LA FEMME

Exploitant toute l'expressivité du langage commun, le cheikh Nefzaoui se fait lyrique dans ses louanges du sexe féminin. Il en identifie des douzaines de types différents, mais s'intéresse particulièrement à ce qu'il appelle tout simplement « la vulve » (le mot arabe qu'il emploie s'applique tout autant à la vulve qu'au vagin.) Ce sont les organes génitaux d'une jeune femme qu'il décrit ici :

« Cette vulve est très potelée et rebondie dans toute son étendue ; elle a les lèvres longues, la fente grande, les bords écartés et parfaitement symétriques, avec le milieu en saillie sur le reste ; elle est moelleuse, séduisante, parfaite dans tous ses détails. C'est sans contredit la plus agréable et la meilleure de toutes. Que Dieu nous accorde la possession d'une pareille vulve ! Amen ! Elle est chaude, étroite, sèche, à tel point qu'on dirait que le feu va en jaillir. Sa forme est gracieuse, son odeur suave ; sa blancheur fait ressortir son milieu carminé. »

Quant aux nombreuses variantes du vagin, leurs qualités supposées sont contenues dans le nom qu'il leur donne : le libidineux, le broyeur, le glouton, le beau, le chaleureux, le délicieux…

Au-delà de son humour, Nefzaoui fait ici remarquer une chose que nombre de nos contemporains ont oubliée : à l'instar des visages et des bouches, les parties génitales sont toutes différentes. Il devient rapidement évident, à la lecture de ses écrits et de ses descriptions élaborées des différents types de nature sexuelle des hommes et des femmes, que le cheikh Nefzaoui devait avoir une expérience sexuelle extrêmement riche.

Il ne s'agit pas simplement de connaissances en anatomie : il traite de la nature humaine avec une immense finesse. Dans sa description des différentes variantes des organes génitaux mâles et femelles, il parle en fait de la nature de l'homme et de la femme, plutôt que de la forme de leur pénis ou de leur vulve.

La pénétration
Pliez les genoux et tirez vos jambes en arrière, pieds écartés pour qu'il puisse vous pénétrer.

La position des jambes
Asseyez-vous les jambes écartées et repoussez doucement les jambes de votre compagne.

À LA MANIÈRE DES GRENOUILLES

Ni l'un ni l'autre des partenaires ne peut beaucoup bouger dans cette position, où l'homme est assis et la femme allongée sur le dos, mais elle est à la fois intime et détendue. Au moment de l'orgasme, suggère le cheikh Nefzaoui, l'homme doit saisir les bras de la femme et la tirer à lui.

Cette position peut paraître acrobatique et la femme y est particulièrement restreinte dans ses mouvements, vu la position de ses jambes, mais c'est une posture curieusement sécurisante et confortable.

Poussez doucement
Gardez les orteils sur le lit ou le sol et repoussez fermement, mais doucement, ses jambes repliées contre ses seins.

LE JARDIN PARFUMÉ

LE BOUCHEMENT

Parce qu'elle presse l'une contre l'autre les parois du vagin et parce qu'elle porte l'utérus en avant, cette position, similaire à la Position pressée du Kama-sutra (cf. p. 79), rend la pénétration difficile et, une fois le pénis inséré, celui-ci va frapper l'utérus. L'intensité de la sensation est proportionnelle, à tel point que le cheikh Nefzaoui prévient que cette position peut être douloureuse pour la femme. Il suggère que cette posture ne doit être adoptée que si l'homme a le membre court ou mou.

Dans sa description de cette position et de ses effets, le cheikh Nefzaoui fait preuve d'une vision sensée de l'anatomie sexuelle et je pense qu'il est préférable de tenir compte de ses avertissements. Faites très attention si vous adoptez cette position.

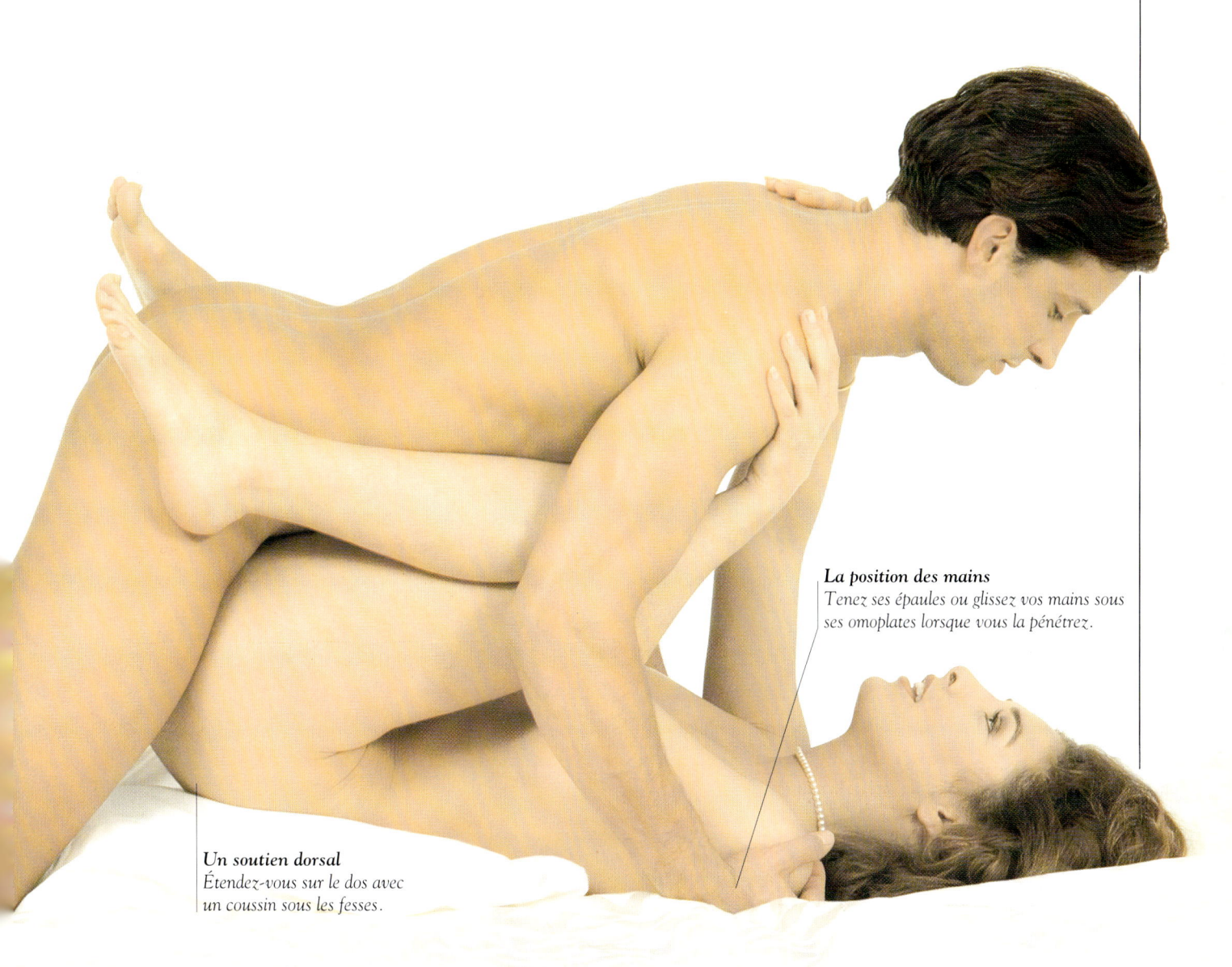

La position des mains
Tenez ses épaules ou glissez vos mains sous ses omoplates lorsque vous la pénétrez.

Un soutien dorsal
Étendez-vous sur le dos avec un coussin sous les fesses.

LES POSITIONS DE L'AMOUR

LE JEU DES ORTEILS

L'homme ne peut assurer le mouvement du coït dans cette position, mais elle permet d'exprimer sa tendresse et forme un excellent interlude entre deux gestes plus vigoureux. La femme est étendue sur le dos et l'homme la pénètre après s'être agenouillé entre ses cuisses, en agrippant le lit ou le sol de ses orteils.

C'est l'une des positions qui permettent à l'homme de faire varier l'angle de pénétration simplement en s'approchant ou en s'écartant de sa partenaire.

Les mains
Placez tous deux les mains derrière la nuque de l'autre.

Le verrouillage
Glissez vos jambes autour de sa taille et tirez-le vers vous.

Soulevez ses jambes
Tenez ses jambes serrées ensemble et levez-les droites, pour les appuyer contre votre poitrine.

Les cuisses
Serrez ses cuisses entre les vôtres au moment où vous la pénétrez.

L'ÉLÉVATION DES JAMBES

En serrant ses cuisses l'une contre l'autre, la femme peut augmenter la pression déjà profondément plaisante du vagin sur le pénis. Lorsque la pression vaginale est grande, il est préférable pour l'homme de faire alterner des mouvements de reins doux avec des coups plus vigoureux.

Voici une autre position excellente pour l'homme plus âgé qui a besoin d'une friction plus forte sur le pénis pour pouvoir jouir. Parce qu'elle n'offre pas une grande stimulation à la femme, elle doit être dans ce cas complétée pour son plaisir par d'autres techniques, comme la masturbation ou le cunnilingus.

LE JARDIN PARFUMÉ

Levez ses jambes
Agenouillez-vous à ses pieds, soulevez ses jambes et placez-les sur vos épaules avant de la pénétrer.

LA QUEUE DE L'AUTRUCHE

L'homme peut se contenter d'un mouvement de reins, ou il peut faire varier ses sensations et celles de sa partenaire en la levant ou l'abaissant pour changer la profondeur et l'angle de la pénétration. S'il choisit de faire cela, il doit la soutenir en glissant sa main sous le bas de son dos.

Je pense que cette position est un fantasme masculin et n'a pas grand-chose à voir avec l'idée de rendre le coït agréable à la femme. Si elle est heureuse de lui permettre de vivre cette sorte de fétichisme (elle fait la chandelle !) alors tout va bien. Mais il faut garder à l'esprit que cette position exerce une forte pression sur sa colonne vertébrale et sa nuque.

Dressez-vous
Seules votre tête et vos épaules restent sur le lit.

LES POSITIONS DE L'AMOUR

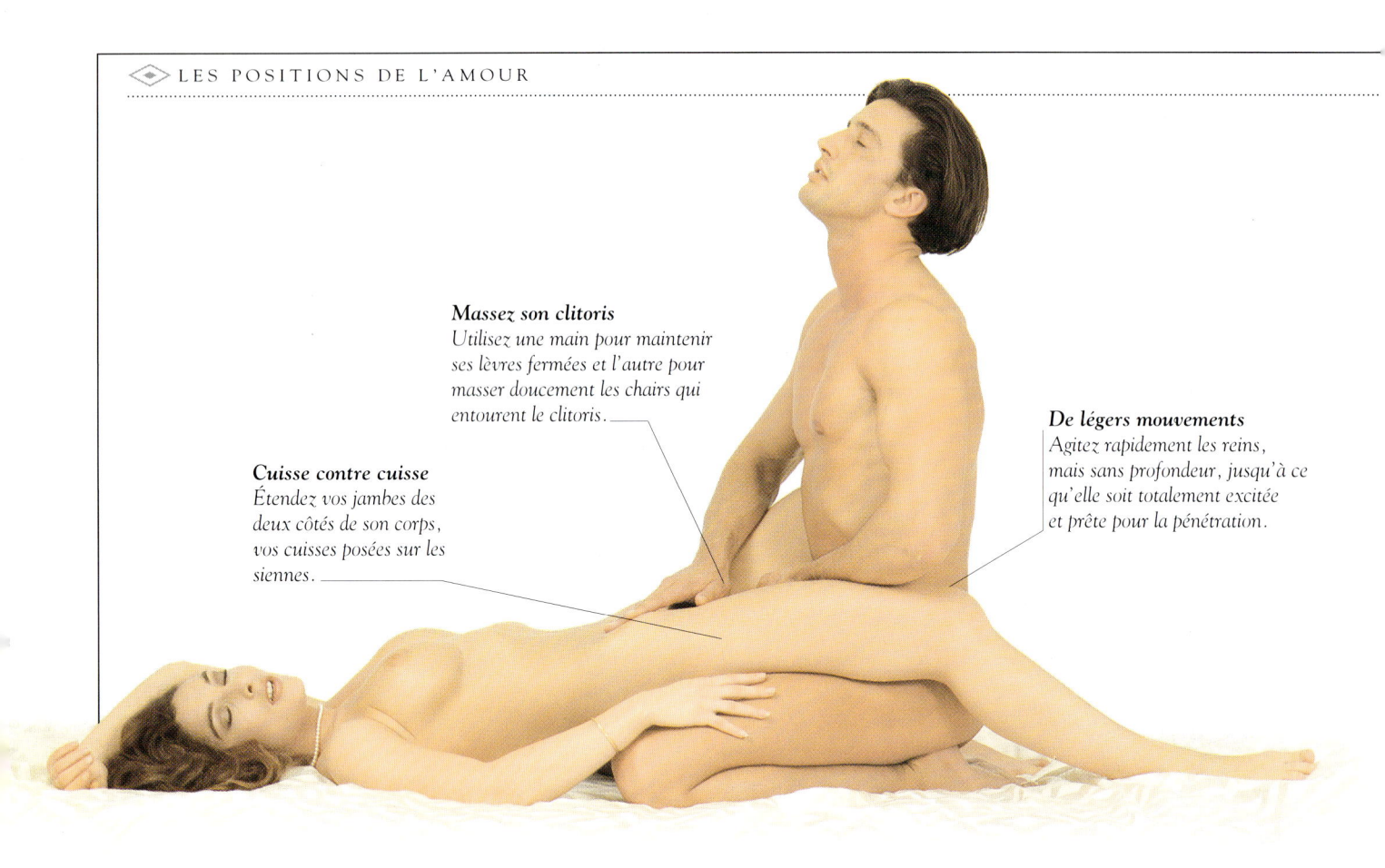

Massez son clitoris
Utilisez une main pour maintenir ses lèvres fermées et l'autre pour masser doucement les chairs qui entourent le clitoris.

Cuisse contre cuisse
Étendez vos jambes des deux côtés de son corps, vos cuisses posées sur les siennes.

De légers mouvements
Agitez rapidement les reins, mais sans profondeur, jusqu'à ce qu'elle soit totalement excitée et prête pour la pénétration.

LA CHAUSSETTE

Plus proche d'une sorte de préliminaires que d'une réelle position amoureuse, ce jeu bien nommé sert à stimuler la femme et à la préparer à une véritable pénétration. Alors qu'elle est étendue sur le dos, son partenaire s'assied entre ses jambes et insère le gland de son pénis dans la vulve, qu'il referme doucement du bout du pouce et de l'index. En déplaçant doucement son membre, il frotte les grandes lèvres jusqu'à ce que les sécrétions envahissent le vagin. Il la pénètre alors complètement.

C'est une excellente méthode pour utiliser le pénis comme un godemiché. Parce que ce geste est extrêmement différent du coït et concentré sur l'intérieur des lèvres et sur le clitoris, la femme peut en être très fortement excitée avant la pénétration.

La vue des fesses
Lorsque vous faites l'amour dans cette position, vous pouvez regarder ses fesses.

INSPIRER L'AFFECTION CHEZ UNE FEMME

Le Jardin parfumé insiste sur l'importance de l'affection de la femme et cite les mots d'une femme sur ce sujet :

« Ô toi qui me questionnes, les choses qui développent l'amour pour l'instant du coït, ce sont les badineries et les jeux qui le précèdent, puis l'étreinte vigoureuse au moment de l'éjaculation. Crois-moi, les baisers, les mordillements, les sucements de lèvres, les accolements de poitrine, les promenades de la bouche sur les seins et l'odeur de la salive fraîche, voilà ce qui rend durable l'affection. En agissant ainsi, les deux éjaculations ont lieu simultanément, c'est-à-dire que la jouissance vient à la femme et à l'homme dans un seul et même instant. »

LA VUE RÉCIPROQUE DES FESSES

En plus d'être relaxante pour l'homme, cette position lui permet de retarder son éjaculation parce que les sensations qu'elle procure sont moins intenses que lorsqu'il peut librement se mouvoir.

Cette technique curieusement impersonnelle permet aux deux partenaires de fantasmer sur le fait de faire l'amour à quelqu'un d'autre. Si la relation du couple est très ancienne et que la familiarité rend le désir plus difficile, alors il peut être très utile de provoquer de tels fantasmes. Si, en revanche, l'un des partenaires montrait un penchant marqué pour ce type de position dès les débuts d'une relation, je serais tentée d'y voir un mauvais signe.

Contrôlez le mouvement
Asseyez-vous en travers de lui, insérez son pénis, puis penchez-vous en avant et bougez comme il vous plaît.

Caressez son dos
Saisissez-la entre vos cuisses et utilisez vos mains pour caresser son dos et ses fesses.

LES POSITIONS DE L'AMOUR

LE MOUVEMENT ALTERNATIF DE PERCEMENT

Dans cette variation inhabituelle de la Position assise, le rôle de la femme est totalement passif : après la pénétration, son partenaire la fait bouger d'avant en arrière plutôt que de bouger lui-même. Il peut faire cela en l'approchant de lui puis en la laissant glisser en arrière, ou, comme le suggère le cheikh Nefzaoui, elle peut s'asseoir sur ses pieds, qu'il pourra ainsi bouger pour la faire se mouvoir.

C'est le type même de positions inhabituelles que mentionne *Le Jardin parfumé* pour frapper l'imagination. Il faudrait que l'homme soit un athlète parfait et un excellent yogi et que la femme soit extraordinairement légère, pour que cela soit possible. Les lecteurs découvrent ici les fantasmes personnels du cheikh, qui ressemblent à ces idées invraisemblables arrivant tous les jours par sacs postaux entiers dans les bureaux des magazines pour hommes.

Serrez les pieds
Placez les plantes de vos pieds l'une contre l'autre et abaissez les cuisses.

Maintenez ses fesses
Soutenez ses fesses avec vos mains.

LE JARDIN PARFUMÉ

LES SIX MOUVEMENTS DE L'AMOUR (1er, 2e, 3e)

L'auteur du *Jardin parfumé* décrit six mouvements praticables durant le coït. Les trois premiers sont le Mouvement du seau dans le puits, le Choc mutuel et le Rapprochement.

LE MOUVEMENT DU SEAU DANS LE PUITS

« L'homme remue une fois et se retire un peu en arrière ; la femme va le trouver en donnant aussi une secousse, puis elle se retire en arrière ; l'homme reprend aussitôt le mouvement et ils continuent ainsi, en observant de bien aller en mesure l'un avec l'autre. Ils ont soin de se placer pieds contre pieds, mains contre mains et ils s'agitent d'un mouvement pareil à celui du seau dans un puits. »

LE CHOC MUTUEL

« Chacun des deux se retire en arrière après la pénétration, mais sans que le membre sorte entièrement. Puis tous les deux ensemble donnent une secousse en s'étreignant et ils continuent ainsi en mesure. »

LE RAPPROCHEMENT

« L'homme remue comme d'habitude et suivant sa volonté, puis il s'arrête ; la femme, en maintenant le membre en place, remue à son tour comme l'homme, puis elle s'arrête ; et l'homme reprend le mouvement. Ils continuent ainsi jusqu'à l'éjaculation. »

C'est ici que Le Jardin parfumé affirme réellement sa personnalité. La pénétration peut être une expérience érotique et émotionnelle en elle-même, mais l'idée que l'on peut utiliser des techniques spéciales pour prolonger ou augmenter l'excitation d'un tel moment est fascinante.

La position des jambes
Avant la pénétration, placez vos jambes entre les siennes et tendez-les pour qu'elle puisse saisir vos chevilles.

Le maintien
Tenez ses épaules, ou placez vos mains sur le haut de son dos.

Les pieds
Attrapez ses pieds ou ses chevilles et tirez-les vers vous.

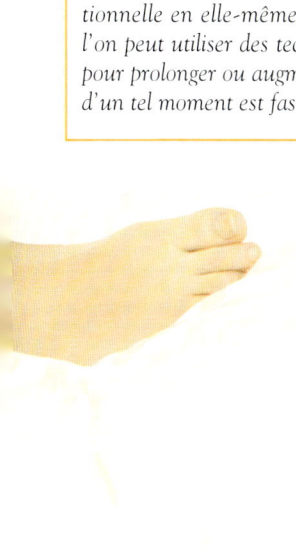

L'ARC-EN-CIEL

Bien que moins relaxante que la plupart des positions côte à côte, l'angle de pénétration inhabituel de cette posture offre de nouvelles sensations à la femme. À cause de la forme dessinée par les corps des deux amants, cette position est également appelée l'Arc bandé.

Je pense que cette position vaut plus pour sa nouveauté que pour son aspect pratique et que les couples ne désireront pas la prolonger trop longtemps. Mais il est amusant de l'essayer et elle peut être incorporée à n'importe quelle séquence amoureuse.

LES POSITIONS DE L'AMOUR

LE MARTÈLEMENT SUR PLACE

Cette position produit des sensations intensément plaisantes pour les deux partenaires. L'homme est assis jambes tendues, tandis que la femme se glisse en travers de lui et face à lui et guide son membre à l'intérieur de son vagin.

Pour la femme, cette position est très proche de l'équitation, parce que les mouvements des muscles de ses cuisses sont semblables à ceux d'un cavalier au trot enlevé. Le plaisir de l'homme peut être grandement amélioré si, à chaque fois qu'elle se laisse glisser sur son pénis, la femme resserre fortement ses muscles vaginaux. Cette position a également l'avantage de permettre à la femme de contrôler le mouvement – leur plaisir mutuel dépend de ses choix et elle peut trouver cela très excitant.

Bras et jambes
Placez vos bras autour de lui et croisez vos jambes derrière son dos.

Le contrôle de la cadence
Parce que vous pouvez bouger librement de haut en bas, vous pouvez contrôler le rythme du coït et la profondeur de la pénétration.

Aidez-la à bouger
Utilisez vos mains pour faciliter son mouvement.

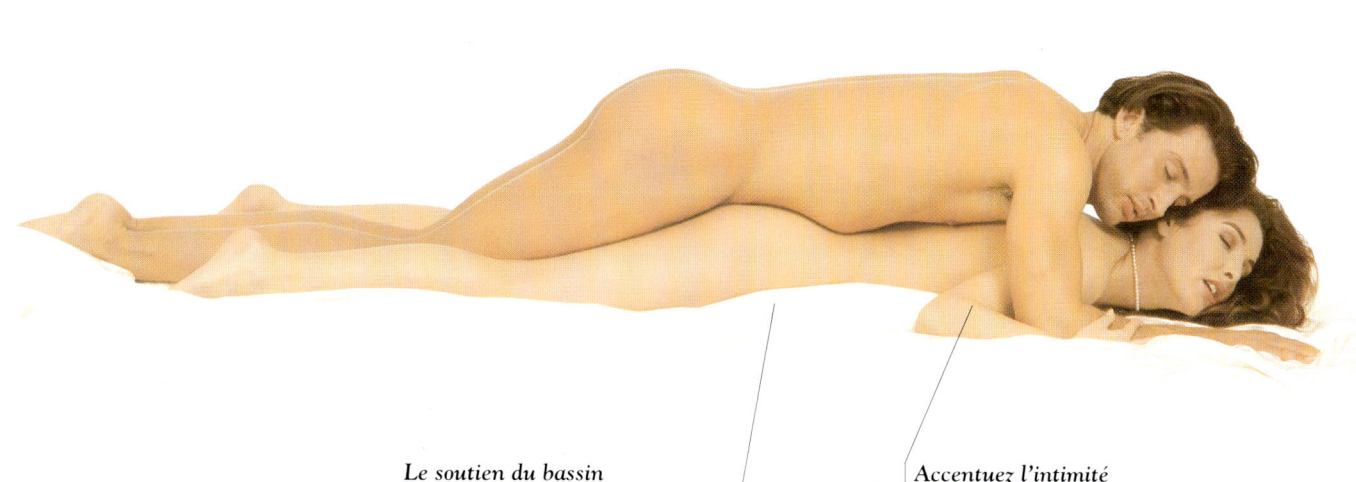

Le soutien du bassin
Utilisez un coussin ou un oreiller pour relever les fesses.

Accentuez l'intimité
Entrelacez vos bras avec les siens pour accroître le sentiment d'intimité.

Le Coït de Dos

Le membre de l'homme est aligné avec le vagin de sa partenaire de façon à assurer une pénétration profonde, une stimulation du point G et une forte excitation pour l'un comme pour l'autre. C'est, d'après le cheikh Nefzaoui, la méthode la plus facile de toutes.

L'usage d'un coussin ou d'un oreiller pour relever le bassin de la femme est une bonne idée, parce que le vagin est alors présenté sous un angle plus accessible que si elle était simplement étendue sur le ventre. Cela permet à l'homme de la pénétrer plus profondément et réduit également le risque de voir son pénis ressortir accidentellement du vagin.

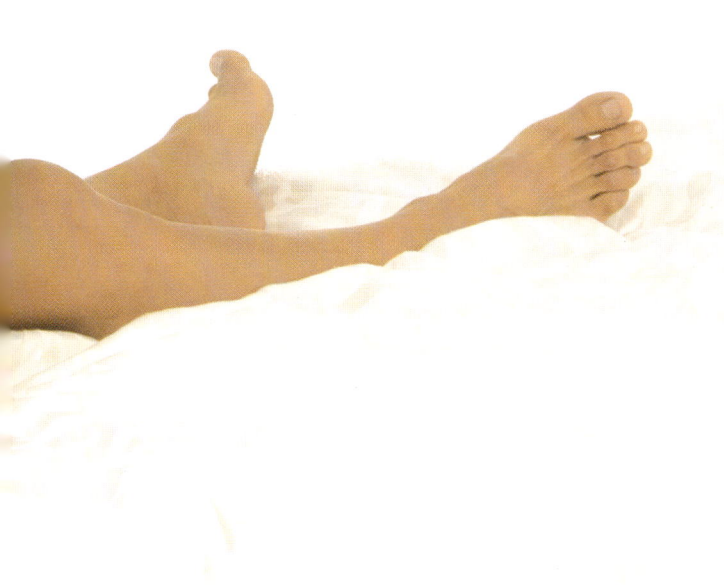

L'Idéal féminin

Chez la femme, le cheikh Nefzaoui recherche non seulement une beauté impossible, mais aussi docilité et obéissance ; en un mot, servilité : « Elle parle et rit peu et jamais sans motif. Elle ne quitte jamais la maison, même pour aller chez des voisins avec lesquels elle est en relation. Elle n'a point d'amies. Elle ne donne sa confiance à personne, et son mari est son seul appui. Elle n'accepte rien de personne, sauf de son mari et de ses parents. Si elle voit des membres de sa famille, elle ne se mêle pas de leurs affaires. Elle n'est point perfide et n'a point de fautes à cacher ni de mauvaises raisons à donner. Elle ne fait d'agaceries à personne.

« Si son mari lui montre son intention de remplir le devoir conjugal, elle se conforme à ses désirs, elle les devance même à l'occasion. Elle l'aide à tout instant pour ses affaires ; elle est réservée de plaintes et de pleurs ; elle ne rit point et ne se réjouit point si elle voit son mari mécontent ou triste, mais elle partage ses chagrins, le câline jusqu'à ce que sa colère soit passée et n'a de tranquillité qu'elle ne l'ait vu content. Elle ne s'abandonne qu'à son mari, dût-elle mourir d'abstinence. »

◆ LES POSITIONS DE L'AMOUR

DES DIVERS NOMS DES PARTIES SEXUELLES DE L'HOMME

Tout comme il donne une longue liste de noms au vagin, le cheikh Nefzaoui décrit de nombreux types de pénis. Quelques exemples parmi les plus imaginatifs :

Le soufflet de forgeron : « Le membre a été nommé ainsi à cause de son gonflement et de son dégonflement alternatifs. Quand on le gonfle, il se dresse et quand on le dégonfle, il retombe flasque. »

Le dormeur : « Quand il entre en érection, il s'allonge et se raidit à un tel point qu'on pourrait croire qu'il ne doit jamais se ramollir. Puis, lorsqu'il sort de la vulve ayant assouvi sa passion, il s'endort. »

L'effronté : « Il a reçu ce nom parce que, du moment où il se raidit et s'allonge, il ne se soucie plus de qui que ce soit, relève sans pudeur les vêtements de son maître en redressant sa tête altière et le rend tout honteux, sans en ressentir lui-même de l'embarras. Il agit de même sans vergogne avec la femme, dont il retrousse les vêtements pour mettre à nu les cuisses. Son maître peut éprouver de la honte de cette conduite, mais, pour lui, sa raideur et son ardeur à se précipiter vers la vulve ne font que s'en accroître. »

LA FUSION DE L'AMOUR

Des positions comme celle-ci permettent à l'homme de s'ébattre vigoureusement et à la femme de suivre le mouvement – et le cheikh Nefzaoui conclut ainsi les instructions qu'il donne à l'homme : « Après l'introduction du membre, tu fais les mouvements convenables et la femme y répond, si cela lui plaît. »

Il existe d'innombrables façons d'entrelacer les jambes dans les positions côte à côte et nombre d'hommes et de femmes éprouvent une grande excitation à sentir les jambes de leur partenaire mêlées aux leurs. Être simplement étendus ensemble, à former des dessins avec les jambes, peut être très excitant. De telles positions mènent également à un coït plus détendu et sont d'autant plus intimes qu'elles permettent aux deux partenaires de voir le visage de l'autre.

La jambe sur son côté
Serrez votre jambe contre sa taille.

Cuisse contre cuisse
Serrez votre jambe contre son autre jambe.

La main libre
Utilisez votre main libre pour caresser ses fesses et pour la maintenir contre vous.

Un meilleur appui
Appuyez de la jambe sur elle pour avoir un meilleur appui pour vos mouvements de reins durant le coït.

LE JARDIN PARFUMÉ

Le Ventre à Ventre

Lorsqu'un couple fait l'amour dans la première de ces positions verticales, le cheikh Nefzaoui recommande d'appliquer la technique de coups alternés qu'il appelle le Mouvement du seau dans le puits (cf. encadré p. 125). Dans cette position, chaque partenaire a les deux pieds sur le sol, comme illustré ci-dessus, ou bien la femme serre d'une jambe la taille de son partenaire, comme illustré ci-contre.

Cette posture est l'une des positions les plus lascives célébrant le désir et le plaisir. Pourquoi s'allonger lorsqu'on peut faire tout aussi bien et plus vite debout ? Pourquoi ne pas montrer la puissance de votre attirance en se montrant direct ? Pourquoi, une fois de temps en temps, ne pas apprécier la soudaineté d'un coït sans préliminaires lorsqu'on en a tous deux envie et que l'on ne peut attendre ? Il y a une place dans la vie sexuelle de chacun pour ce genre d'urgences…

L'Inversion dans le Coït

C'est l'une des postures du Jardin parfumé avec la femme au-dessus, l'équivalent chez le cheikh Nefzaoui des positions du Kama-sutra pour les femmes « qui jouent le rôle de l'homme » (cf. p. 86). Dans une variante de cette position, le cheikh suggère que la femme s'agenouille entre les cuisses de son partenaire, les pieds posés sur un coussin pour obtenir un angle convenable.

Ce mouvement est en fait une version sophistiquée des pompes, dans laquelle le vagin et les cuisses de la femme sont serrés autour du pénis de l'homme, tandis qu'elle monte et descend à la force des bras. C'est une excellente position pour un couple formé d'un homme âgé et d'une femme jeune, parce que cela donne à son pénis la friction supplémentaire dont de nombreux hommes âgés ont besoin pour réussir à jouir. Cela signifie également que la partie active est assurée par la plus jeune et, on peut le supposer, la plus en forme. En variant subtilement l'angle de pénétration, la femme peut trouver une grande satisfaction dans cette position, parce qu'elle lui offre une bonne stimulation clitoridienne. Le seul hic est qu'elle doit être très sportive pour pouvoir profiter de cette position – recommandée aux fans d'aérobic.

> " *Personne n'est indifférent aux joies qui découlent des différences entre les sexes.* "

Écartez les cuisses
Relevez et écartez vos cuisses pour qu'elle puisse se nicher entre elles.

Serrez son pénis
Relevez-vous à la force des bras et serrez les cuisses pour augmenter la pression sur son pénis.

LA CHEVILLE

La deuxième des positions verticales du cheikh Nefzaoui est ainsi nommée parce que le mouvement du membre de l'homme est évocateur de l'enfoncement d'une cheville dans un mur. Si l'homme est fort, il peut s'ébattre de façon satisfaisante tout en supportant le poids de sa partenaire, mais son membre reste très vulnérable en cas d'incident.

Cela me semble être une position difficile, que l'on choisit justement d'adopter parce qu'elle est risquée.

Serrez fort
Nouez vos jambes autour de sa taille, tenez-vous fermement à ses épaules et gardez le dos droit contre le mur.

Élevez le bassin
Glissez un coussin ou un oreiller sous vos jambes pour placer votre bassin à la hauteur désirée.

LES POSITIONS AMOUREUSES VERTICALES

L'une des difficultés que rencontrent les sexologues et les thérapeutes de notre époque est que nous n'avons qu'une connaissance limitée de ce qui constitue réellement une vie sexuelle satisfaisante. La morale se glisse dans la chambre à coucher, pour nous dire par exemple qu'il n'est pas bien d'avoir des fantasmes, en particulier celui d'être dominé(e) par le sexe opposé. Si une position ne satisfait pas la femme, alors nous sommes encouragés à l'abandonner.

Pourtant, le sexe ne se limite pas à ses caractéristiques physiologiques. Le sexe fait appel à l'imagination, varie énormément et les éléments qui forment sa diversité et lui permettent de rester passionnant et excitant dérivent de notre implication émotionnelle.

Les positions verticales décrites dans *Le Jardin parfumé* et les autres classiques érotiques en sont le témoignage. La plupart des gens assimilent le fait de faire l'amour debout à une passion soudaine et irrépressible, à une sorte d'exhibitionnisme, mais surtout à une excitation dépourvue de toute maîtrise de soi… et de prudence.

Mais il nous arrive, dans le sexe comme dans la vie, de vouloir obéir à nos pulsions plutôt qu'à un plan préétabli. Les pulsions font partie des plaisirs de la vie et des choses qui font qu'elle vaut d'être vécue. C'est là tout l'intérêt de ces positions verticales.

◆ LES POSITIONS DE L'AMOUR

LA COURSE DU MEMBRE

Dans la version de base de cette position, qui fut inspirée par l'équitation, l'homme est étendu, avec un grand coussin sous les épaules et relève les genoux. Ses cuisses forment une sorte de V dans lequel la femme, lui faisant face, vient se baisser en insérant le pénis dans son vagin. Dans une version plus élaborée, il tire ses genoux à lui et elle s'assied en travers de ses cuisses pour le chevaucher.

Pour les hommes curieux de savoir ce que peut ressentir la femme (et ils sont nombreux), ce peut être une position intéressante.

La force des genoux
Pliez les genoux pour monter et descendre le long de son pénis.

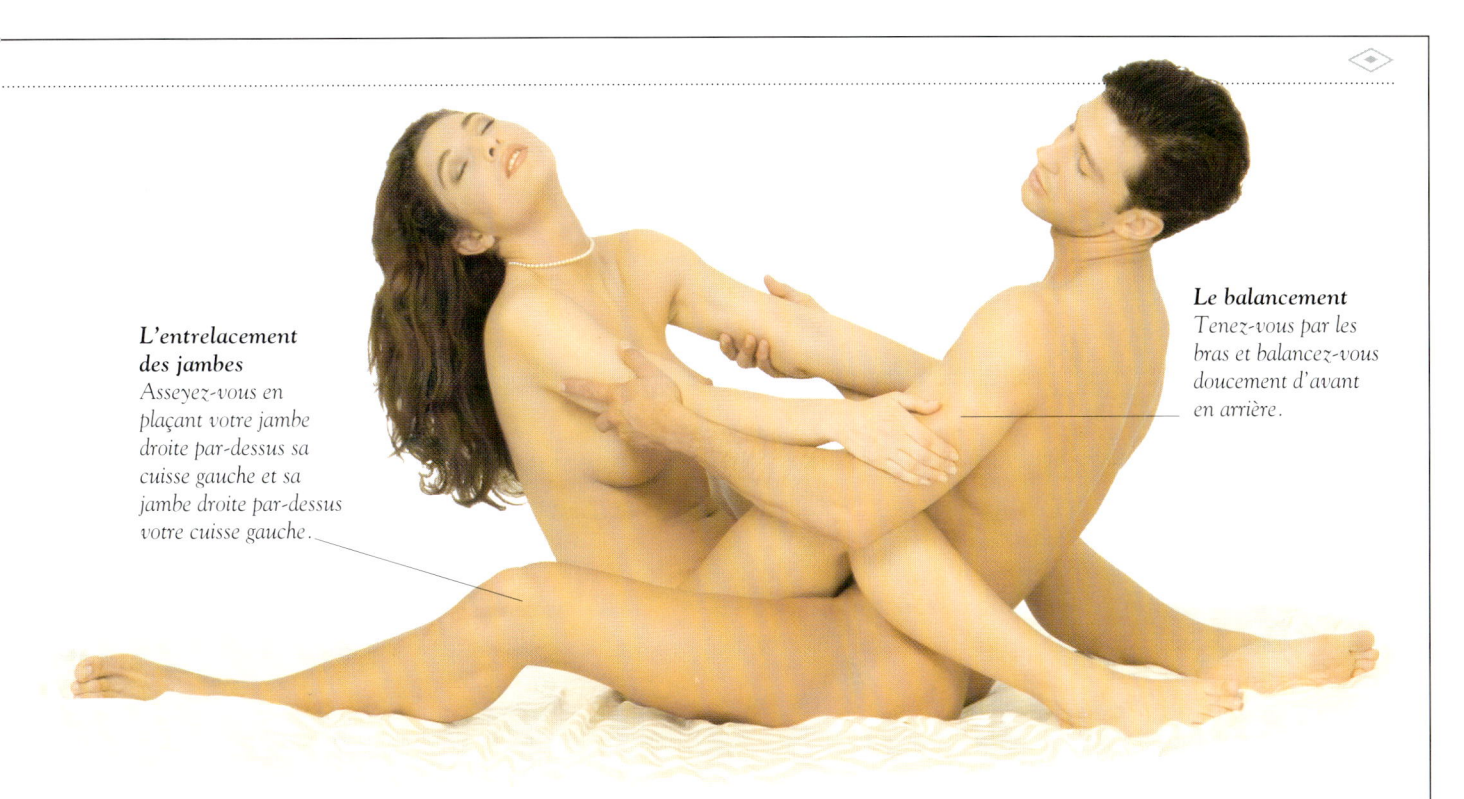

L'entrelacement des jambes
Asseyez-vous en plaçant votre jambe droite par-dessus sa cuisse gauche et sa jambe droite par-dessus votre cuisse gauche.

Le balancement
Tenez-vous par les bras et balancez-vous doucement d'avant en arrière.

L'Emboîteur

Un doux mouvement de balançoire, plutôt que le mouvement habituel du coït, crée la stimulation dans cette position inhabituelle. En se tenant l'un l'autre par les bras, les amants appliquent un mouvement de va-et-vient, en s'assurant de maintenir un rythme plaisant pour les deux partenaires. Le cheikh Nefzaoui (dont les descriptions supposent généralement que le coït a lieu sur le sol) recommande au couple « de mettre le plus grand accord dans leurs mouvements qu'ils dirigent au moyen de leurs talons reposant à terre ».

Cette position étonnante a dû être inventée pour les artistes, tant l'entremêlement des cuisses plaît à ceux qui envisagent tout en termes de forme. Vous avez toutes les raisons d'apprécier ce genre de position et de prendre plaisir à créer une œuvre d'art vivante composée de vous et de votre partenaire.

Les autres mouvements en usage (4ᵉ, 5ᵉ, 6ᵉ)

Les trois autres mouvements praticables durant le coït, selon le cheikh Nefzaoui, sont le Tailleur de l'amour, le Cure-dents de la vulve et l'Emboîtement de l'amour.

Le Tailleur de l'amour
« L'homme, avec une partie seulement de son membre, remue d'un mouvement précipité ; puis, d'un seul coup, le plonge jusqu'au fond du vagin. »

Le Cure-dents de la vulve
« L'homme introduit son membre entre les parois de la vulve, puis il les explore en haut, en bas, à droite, à gauche. Il n'y a que l'homme doué d'un membre très vigoureux qui puisse exécuter ce mouvement. »

L'Emboîtement de l'amour
« L'homme introduit son membre tout entier dans le vagin. Puis, dans cette position, le mouvement doit se faire énergiquement, sans que la moindre partie du membre sorte de la vulve de la femme. »

LES POSITIONS DE L'AMOUR

Celui qui reste dans la Maison

La femme lève ses fesses en cadence d'un mouvement régulier et souple, puis redescend en donnant quelques secousses sèches. Tandis qu'elle fait cela, son partenaire suit le mouvement en s'assurant que son membre ne sort pas du vagin et, comme le conseille le cheikh Nefzaoui, « reste collé à la femme ».

Cette technique est probablement efficace tant qu'elle est utilisée à petite dose : un coït limité à ce mouvement serait certainement rapidement ennuyeux, fatigant et peu satisfaisant.

Le dos droit
Essayez de garder le dos droit lorsque vous suivez son mouvement.

Maintenir le contact
Bougez à l'unisson pour que son pénis ne glisse pas hors du vagin.

Soulevez-vous
Posez vos mains sur des coussins pour bien soulever votre corps au-dessus du lit.

LE JARDIN PARFUMÉ

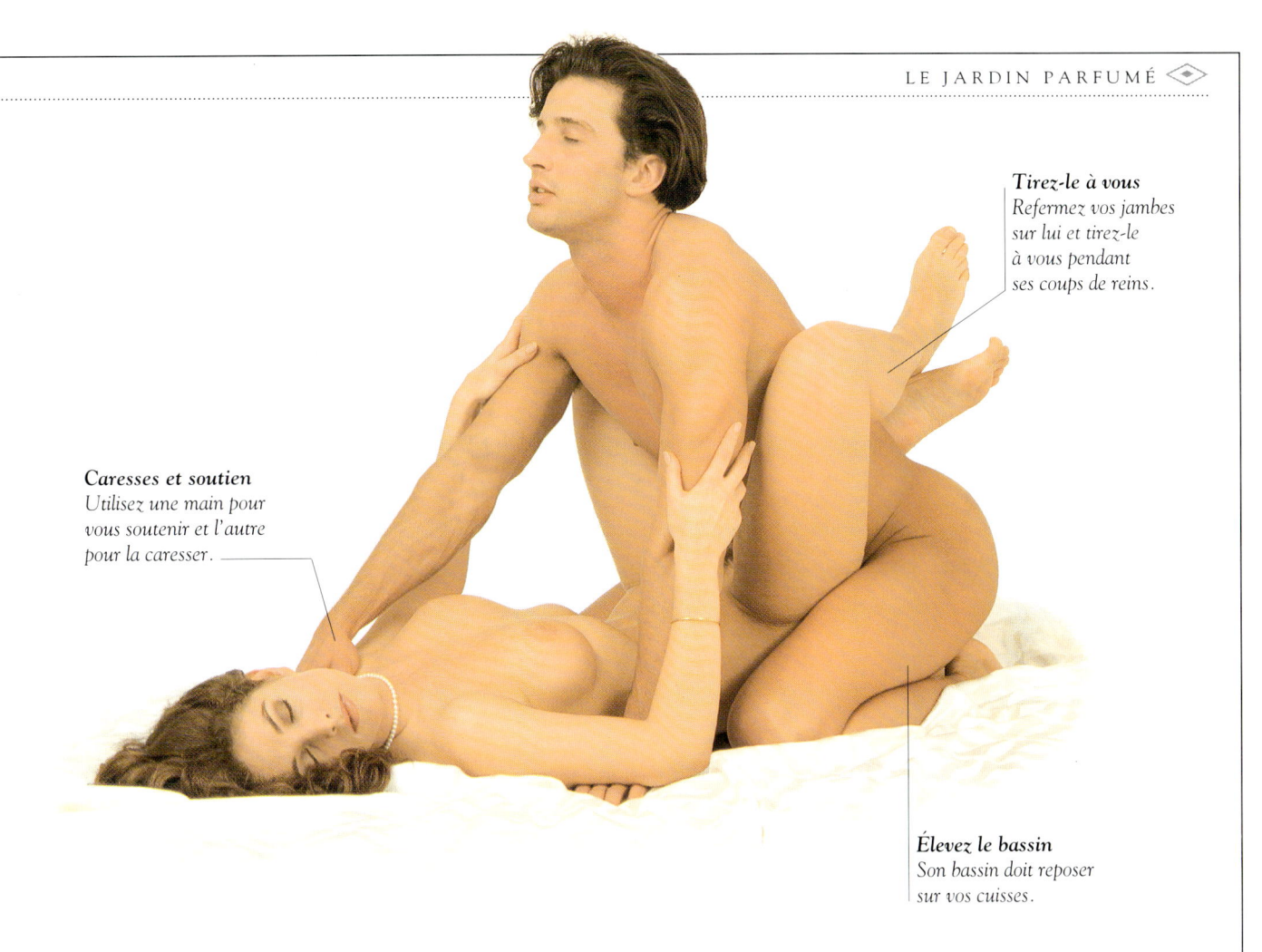

Tirez-le à vous
Refermez vos jambes sur lui et tirez-le à vous pendant ses coups de reins.

Caresses et soutien
Utilisez une main pour vous soutenir et l'autre pour la caresser.

Élevez le bassin
Son bassin doit reposer sur vos cuisses.

LE SÉDUCTEUR

La séduction d'une position face à face combinée à une pénétration profonde rendent cette position très agréable pour les deux amants. Il en existe deux versions : dans la première, la femme serre ses jambes autour de la taille de son partenaire ; dans la seconde, qui entraîne une pénétration plus profonde encore, elle les place sur ses épaules.

En nouant ses jambes autour de la taille de son partenaire, la femme lui donne un meilleur appui pour ses mouvements de reins. Je recommande toujours aux amants qui veulent adopter cette position de laisser la femme guider le pénis dans son vagin. Cela lui donne l'occasion de caresser et pétrir le membre avant insertion, offrant à l'homme une stimulation supplémentaire.

LES POSITIONS DU TAO

Le taoïsme est un ancien système de croyances religieuses et philosophiques dont le représentant le plus célèbre est Lao-tseu, qui est né vers l'an 600 avant J.-C. Le texte majeur du taoïsme, le Tao tö king, qui lui a longtemps été attribué, est maintenant considéré par de nombreux spécialistes comme lui étant postérieur de deux cents ans. Au cœur du taoïsme est la croyance que l'harmonie ultime existe dans l'Univers et qu'elle peut être atteinte en suivant le Tao. Ce mot signifie littéralement « la voie », mais également, dans le Tao, le fonctionnement de l'Univers. Pour les taoïstes, la vie est un équilibre entre des opposés, dans lequel tout événement qui intervient est contrebalancé par une réaction égale et opposée. Tout ce qui existe est animé par deux forces : le yin, qui est négatif, passif et nourrissant et le yang, qui est positif, actif et dévorant. La composante majeure de la nature féminine est considérée comme yin, alors que l'homme a une prédominance yang. Un déséquilibre existe entre les sexes, qui fait que la femme a besoin de la force de l'homme et l'homme de celle de la femme. Ces forces sont échangées lors de l'union sexuelle et c'est lors de l'orgasme qu'elles sont les plus puissantes.

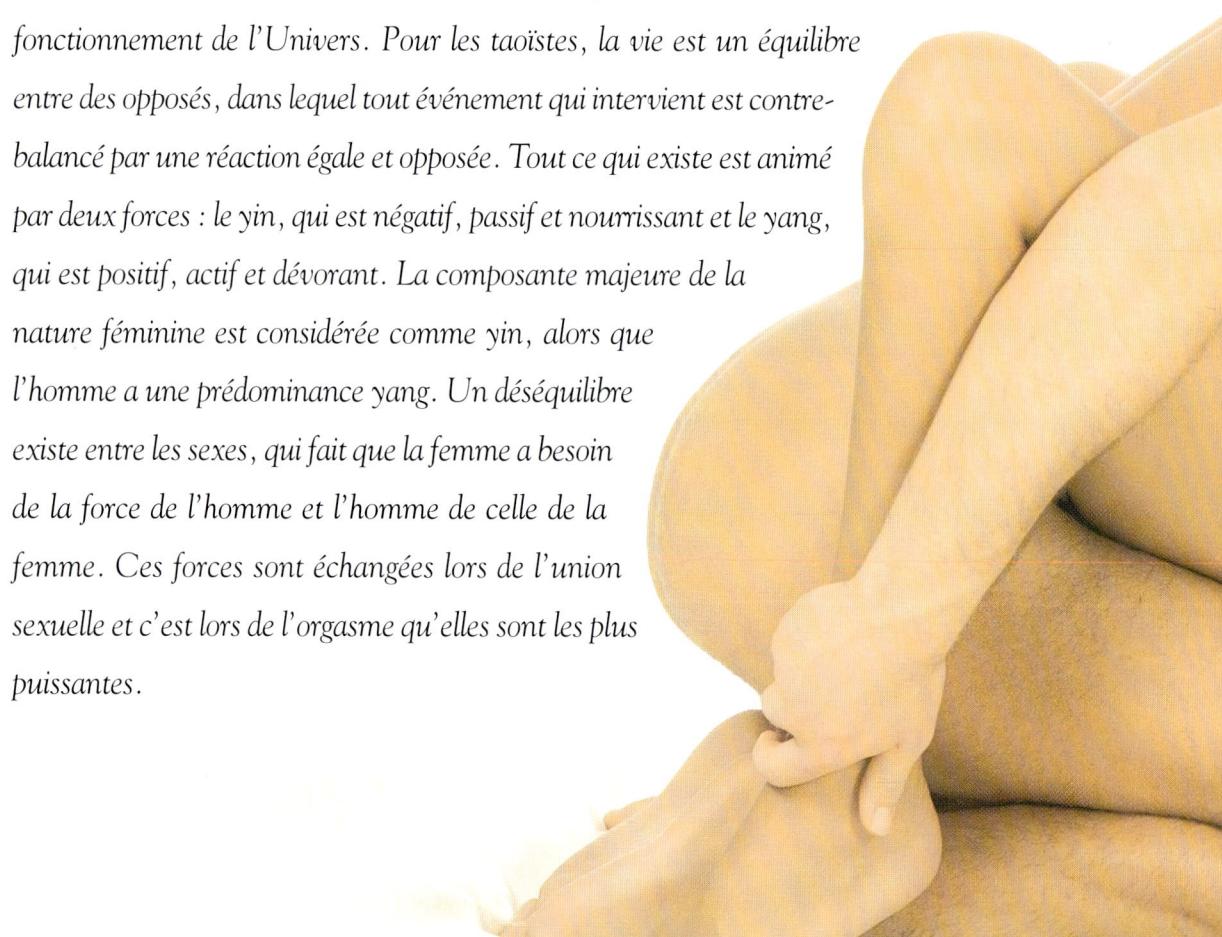

LE TAO

LES POSITIONS DE L'AMOUR

LES QUATRE POSITIONS FONDAMENTALES

Dans le livre taoïste *Tong-hsuan-tze*, l'auteur, Li Tong-hsuan, décrit vingt-six positions qui sont presque toutes des variations de quatre positions fondamentales. Ces positions fondamentales sont l'Union étroite (l'homme au-dessus) ; la Corne de la licorne (la femme au-dessus) ; l'Attachement intime (homme et femme côte à côte et face à face) ; et le Poisson se dorant au soleil (pénétration par l'arrière).

Le Dragon qui s'Enroule

Cette position permet une pénétration maximale et ne doit donc être adoptée qu'une fois la femme parfaitement excitée et son vagin totalement détendu.

Cette position est une façon assez impersonnelle pour l'homme de trouver son plaisir. Sa vision est bloquée par les jambes, la pression exercée sur les jambes de la femme est plutôt inconfortable pour elle et le fait que ses jambes soient serrées fait qu'il n'y a pour ainsi dire aucune stimulation clitoridienne. Ce n'est pas le type de position que je conseillerais.

Jambes levées
Gardez les jambes serrées et aussi droites que possible.

Manipulation
Utilisez une main pour repousser ses jambes aussi loin qu'elle le supportera sans inconfort et l'autre pour guider votre pénis dans son vagin.

Le Ver à Soie tissant son Cocon

Étendue sur le dos, la femme élève et écarte ses cuisses pour exposer son clitoris à une puissante stimulation.

L'un des grands avantages pour la femme est que, lorsqu'elle ouvre ses cuisses, elle peut imaginer que son vagin est une fleur. Puis, lorsqu'elle est stimulée, elle peut se figurer la fleur s'ouvrant lentement, jusqu'à éclosion de l'orgasme. Ce type d'images aide de nombreuses femmes à atteindre l'orgasme.

Accordez-vous à lui
Placez vos mains sur ses épaules, croisez vos pieds derrière son dos et montez et descendez en réponse à ses mouvements.

Variez la tension
Utilisez votre main libre pour soulever ses jambes et faire varier la tension entre le pénis et le vagin.

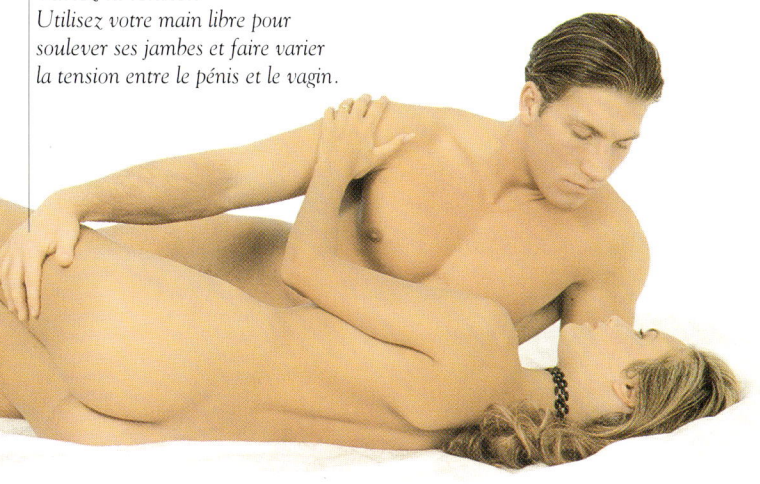

La position des jambes
Gardez vos jambes serrées et reposez-les sur les siennes.

Deux Poissons côte à côte

Comme deux poissons frayant qui enroulent leur queue l'un autour de l'autre, les amants sont étendus côte à côte. Après la pénétration, l'homme tire les jambes de sa partenaire sur les siennes.

Pour qu'une telle pénétration soit satisfaisante, l'homme doit avoir un long pénis ; sinon, seule une petite partie peut rester à l'intérieur du vagin et en glisse facilement.

LES POSITIONS DE L'AMOUR

LES PAPILLONS VOLTIGEANTS

Les mouvements de l'homme sont limités, sauf si sa partenaire est très légère, mais cette position est utile lorsqu'il est fatigué ou lorsque la femme veut tenir le rôle de l'homme et lui faire l'amour. Une fois le pénis inséré, les deux amants écartent les bras des deux côtés des corps, évoquant ainsi les papillons qui ont donné son nom à cette position.

Le nom de cette position est extrêmement évocateur et le geste de la femme écartant ses bras peut effectivement figurer celui du papillon déployant ses ailes.

Poussez avec les pieds
Placez vos pieds sur les siens et poussez de façon à monter et descendre sur lui.

La position des genoux
Glissez vos genoux pliés contre les siens.

La main libre
Caressez-la de votre main libre.

LES CANARDS MANDARINS

Tirant son nom de l'accouplement des canards mandarins, cette position côte à côte avec pénétration par l'arrière offre à l'homme une liberté totale dans ses mouvements de reins.

Il y a quelque chose de séduisant dans l'idée de se glisser par-derrière à l'intérieur de sa partenaire, en particulier si elle ne s'y attendait pas. Si elle dort, par exemple, cela peut être un excellent moyen de l'éveiller.

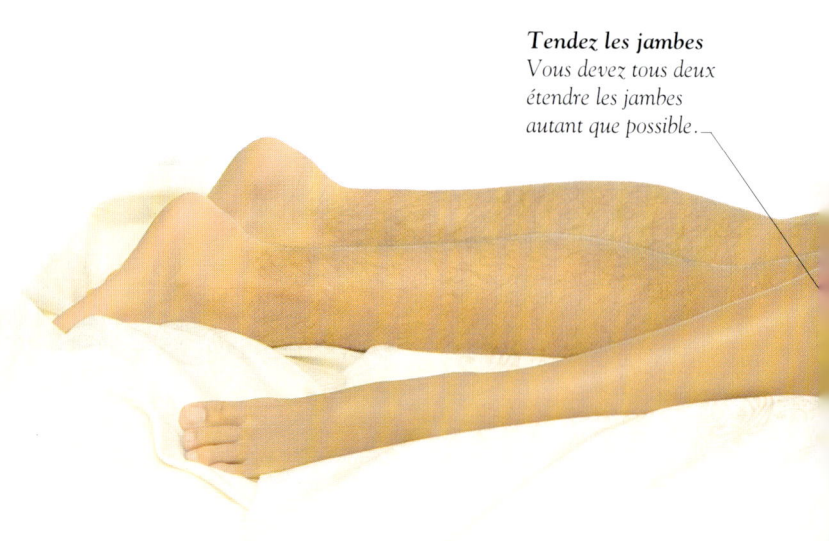

Tendez les jambes
Vous devez tous deux étendre les jambes autant que possible.

LE TAO

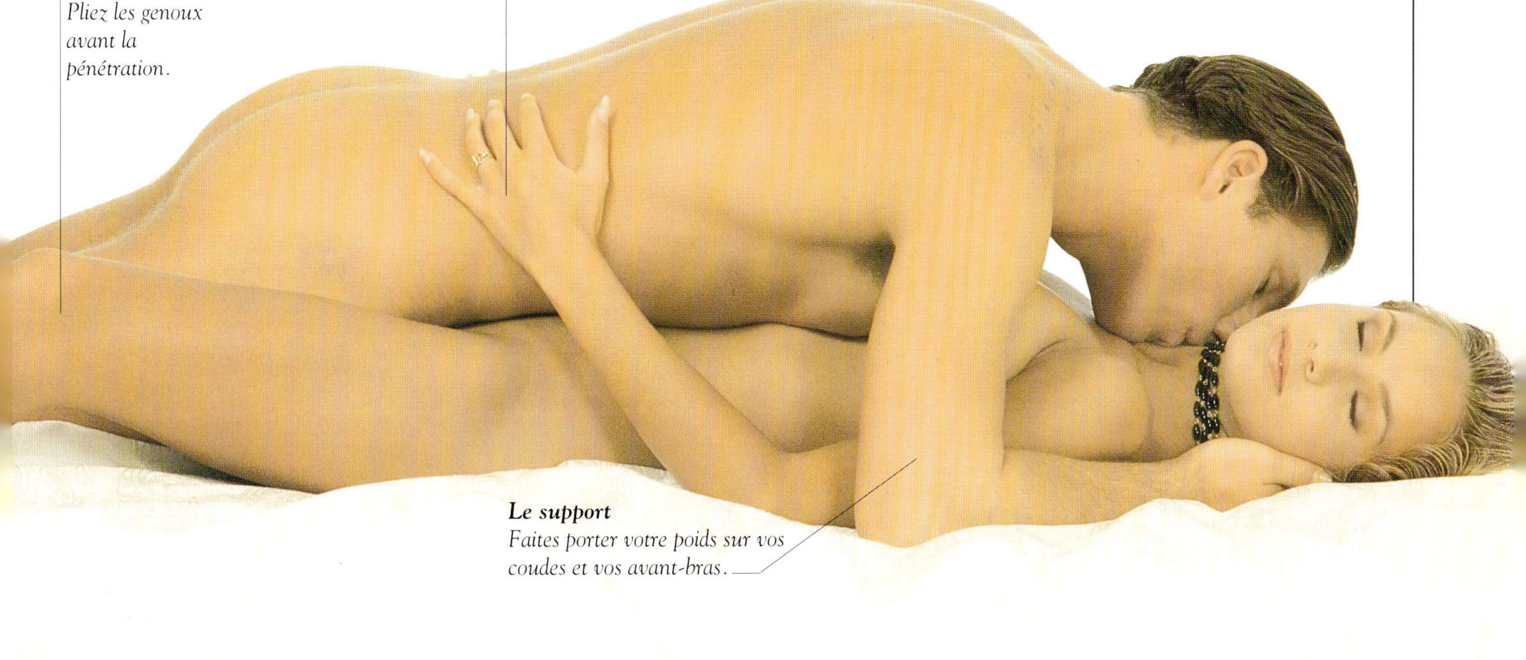

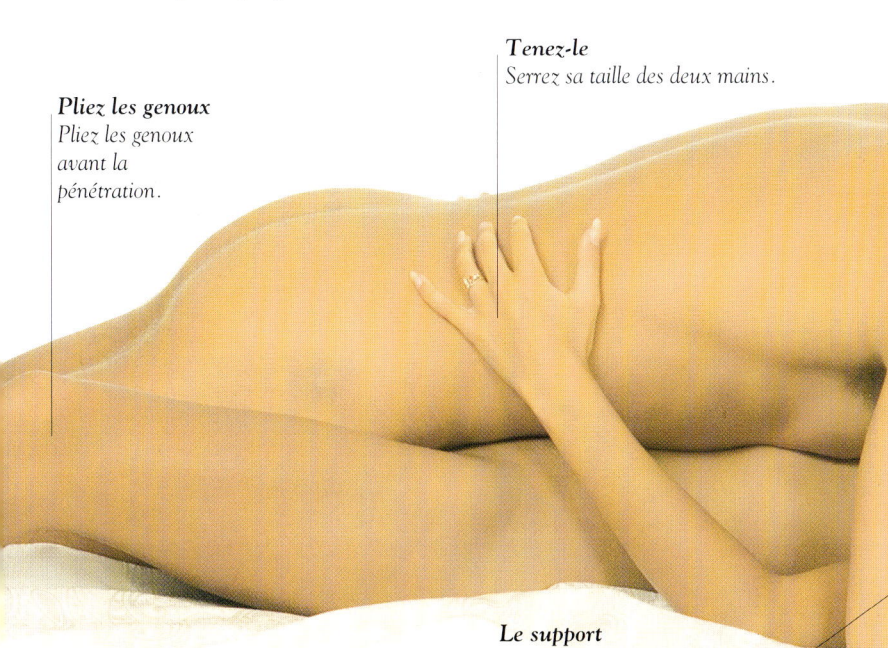

LE LANGAGE DU TAO

Tout comme les auteurs hindous et arabes des classiques de l'amour, les compilateurs des livres de chevet taoïstes (les manuels d'instruction sexuelle) faisaient preuve d'une imagination fertile dans leurs descriptions de la sexualité. Entre autres noms évocateurs, les plus courants sont :

LES ORGANES SEXUELS MASCULINS
Tige de jade, Tige de corail, Tige mâle, Tête de tortue, Oiseau rouge, Pilier du dragon des cieux.

LES ORGANES SEXUELS FÉMININS
Porte de corail, Porte de jade, Porte de cinabre, Porte vermillon, Pavillon de jade, Lotus doré, Fleur de pivoine ouverte, Réceptacle, Perle sur le seuil de jade (clitoris), Terrasse de joyaux (zone clitoridienne).

L'ORGASME
Le Grand Typhon, le Déchirement des nuages.

L'UNION SEXUELLE
Les Brumes et la pluie, Les Nuages et la pluie, les Délices de la couche.

LES HIRONDELLES AMOUREUSES

Tirant son nom de l'accouplement d'oiseaux, cette délicate posture avec l'homme au-dessus n'offre qu'une pénétration limitée, mais donne aux amants l'opportunité d'exprimer leur tendresse de façon très éloquente.

Le paradoxe de cette position est qu'elle permet un sentiment d'intimité, alors que les corps tendus sont relativement éloignés. Cela illustre assez bien le coït : il crée souvent un sentiment de fusion mentale, les deux amants ayant l'impression de ne faire plus qu'un et pourtant chacun ne vit que sa propre sexualité.

Pliez les genoux
Pliez les genoux avant la pénétration.

Tenez-le
Serrez sa taille des deux mains.

Le support
Faites porter votre poids sur vos coudes et vos avant-bras.

LES POSITIONS DE L'AMOUR

LE PIN NAIN

Cette position est idéale lorsque le pénis de l'homme est de petite taille, parce qu'elle assure une pénétration profonde et parce que l'entrelacement des jambes permet à la femme d'assurer son propre va-et-vient en cadence avec les coups de reins de son partenaire.

C'est en fait une variante de la bonne vieille position du missionnaire, adaptée pour une pénétration plus profonde et la femme exprime son enthousiasme en s'enroulant autour de l'homme.

Tenez-vous
Après l'avoir pénétrée, tenez sa nuque d'une main et l'une de ses chevilles de l'autre.

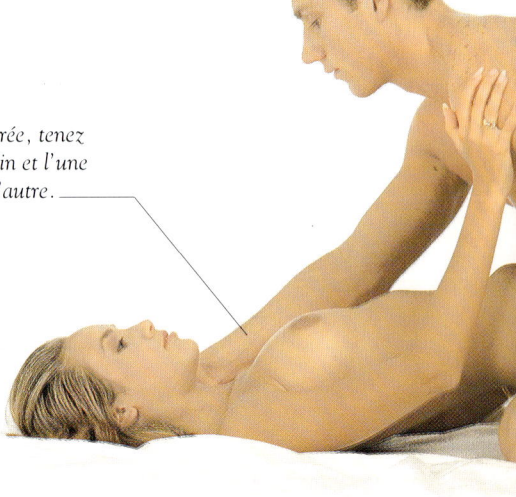

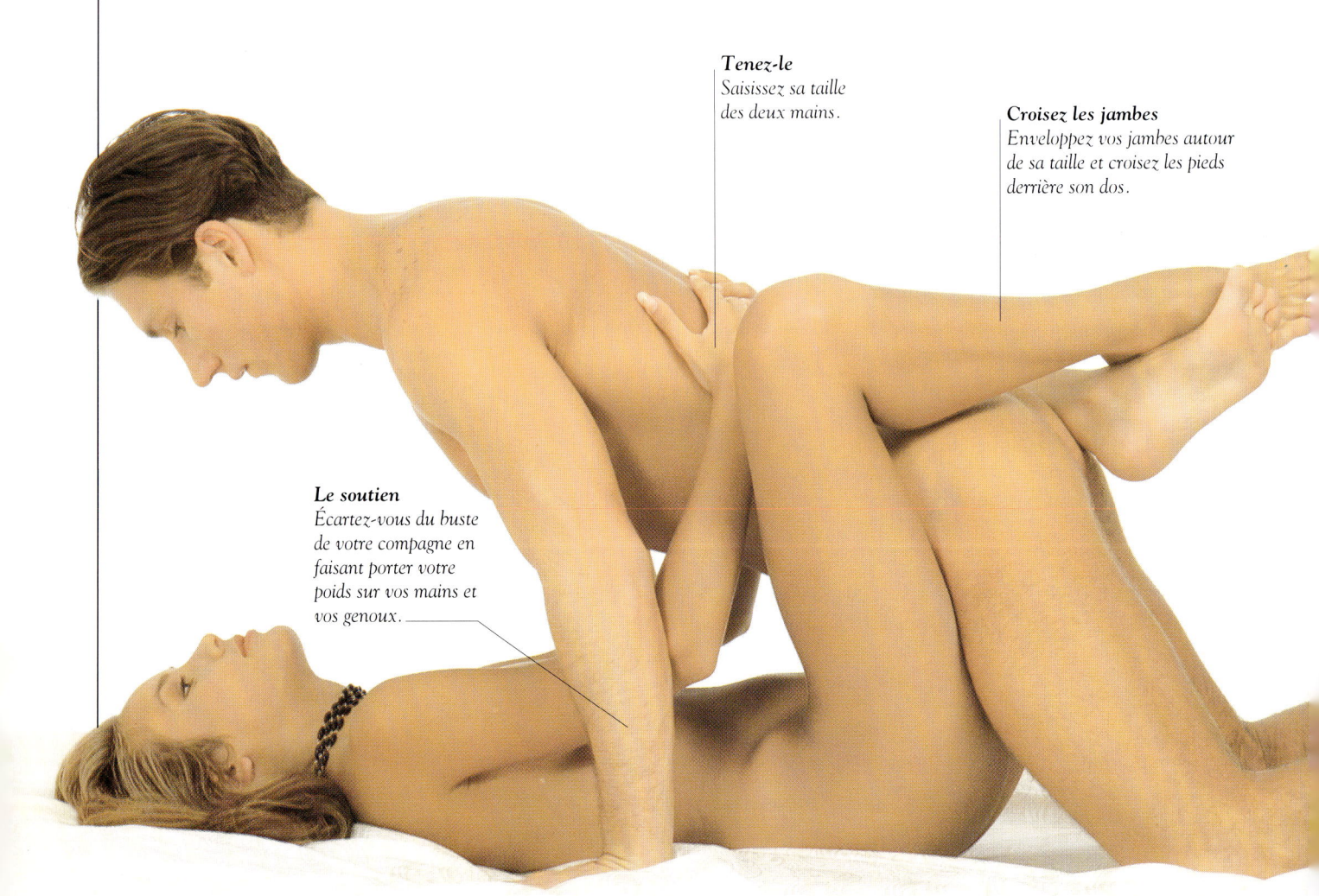

Tenez-le
Saisissez sa taille des deux mains.

Croisez les jambes
Enveloppez vos jambes autour de sa taille et croisez les pieds derrière son dos.

Le soutien
Écartez-vous du buste de votre compagne en faisant porter votre poids sur vos mains et vos genoux.

LE TAO

LE COURSIER LANCÉ AU GALOP

Les pieds
Pliez les genoux et serrez vos pieds contre les siens.

Comme un cavalier qui monte à cru en saisissant la crinière et la queue de sa monture, l'homme tient la nuque et la cheville de sa partenaire et peut ainsi mouvoir ses reins malgré les limitations de sa position agenouillée.

Le meilleur moyen de tirer parti de cette position compliquée est d'assurer un va-et-vient vertical, mais il vaut mieux qu'il n'y ait pas une grande différence de taille, ce qui rendrait cette position impossible, ou dangereuse si l'homme tombe en avant.

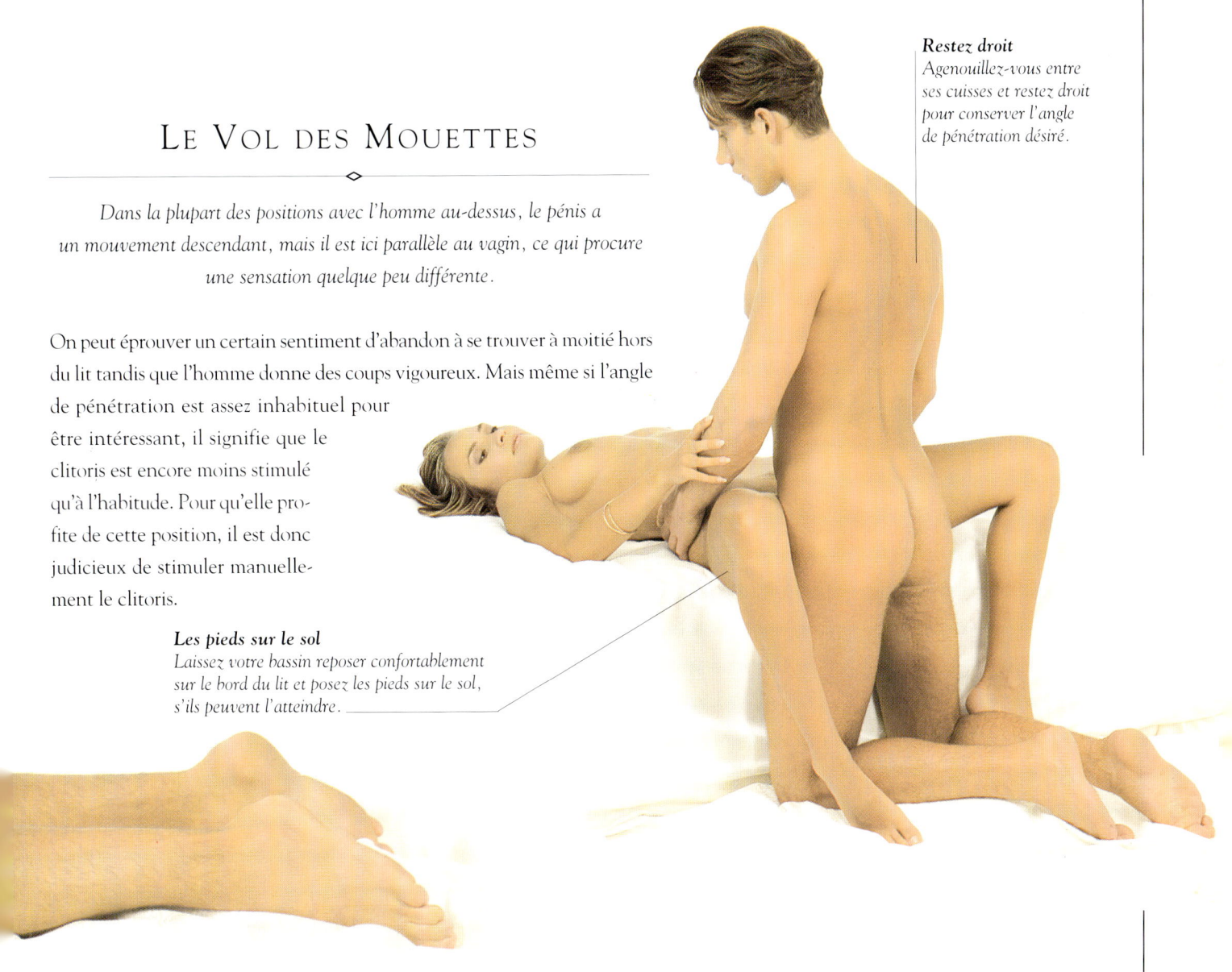

LE VOL DES MOUETTES

Dans la plupart des positions avec l'homme au-dessus, le pénis a un mouvement descendant, mais il est ici parallèle au vagin, ce qui procure une sensation quelque peu différente.

On peut éprouver un certain sentiment d'abandon à se trouver à moitié hors du lit tandis que l'homme donne des coups vigoureux. Mais même si l'angle de pénétration est assez inhabituel pour être intéressant, il signifie que le clitoris est encore moins stimulé qu'à l'habitude. Pour qu'elle profite de cette position, il est donc judicieux de stimuler manuellement le clitoris.

Restez droit
Agenouillez-vous entre ses cuisses et restez droit pour conserver l'angle de pénétration désiré.

Les pieds sur le sol
Laissez votre bassin reposer confortablement sur le bord du lit et posez les pieds sur le sol, s'ils peuvent l'atteindre.

143

LES POSITIONS DE L'AMOUR

La Cigale sur une Branche

De nombreux couples trouvent excitant le relatif anonymat de la pénétration par l'arrière, parce qu'il leur permet de fantasmer de temps en temps alors qu'ils ne voient pas le visage de l'autre. Cette position assure également une stimulation intense de la paroi interne du vagin et du point G.

Il est difficile de compléter cette pénétration par une stimulation du clitoris, parce que les parties génitales de la femme seront collées contre le lit, mais il est possible de résoudre ce problème par l'utilisation d'un vibromasseur, que l'on positionnera de façon que chaque mouvement de reins pousse la vulve contre lui.

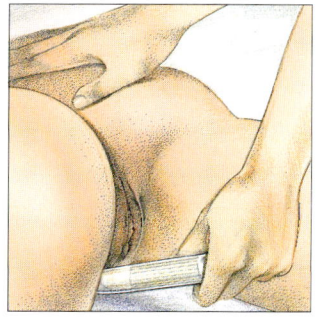

Le vibromasseur
Pour stimuler son clitoris, glissez le vibromasseur entre son bassin et le lit. Mettez-le en marche avant la pénétration.

Les orteils
Prenez appui sur vos orteils pour donner vos coups de reins.

La Chèvre et l'Arbre

Bien que les possibilités de mouvement de l'homme soient restreintes, ses mains sont libres de caresser le visage et les seins de sa partenaire et de stimuler son clitoris. Cette dernière possibilité est fortement conseillée, car sans cela la femme a peu de chances d'atteindre l'orgasme dans une telle position.

Ce jeu délicieux peut très facilement débuter dans des circonstances tout à fait ordinaires : si elle est assise sur ses genoux durant une conversation ; si l'envie lui prend de l'embrasser pendant qu'il parle et qu'il lui rend ses baisers ; une chose en menant à une autre, elle peut le prendre par surprise…

Un bon soutien
Choisissez un siège solide, de préférence avec un dossier.

Un léger balancement
Asseyez-vous en travers de lui les pieds posés sur le sol, ce qui vous permettra de vous balancer doucement d'avant en arrière sur son pénis.

LE TAO

Intensifiez la pénétration
Soulevez votre bassin, ou
surélevez-le avec un oreiller,
pour améliorer la pénétration.

Les épaules
Tenez-la par les épaules ou
les bras durant vos
mouvements de reins.

LE TIGRE BLANC

De nombreuses femmes trouvent la pénétration par l'arrière particulièrement stimulante, et cette position a de plus l'avantage de permettre à l'homme d'apprécier la vue des fesses de sa partenaire.

L'une des meilleures façons de rendre cette position réellement plaisante pour la femme est que l'homme libère une main et s'en serve pour stimuler son clitoris par un mouvement montant du doigt en cadence avec ses coups de reins. Cela ajoutera à son excitation et à son plaisir.

Tenez sa taille
Tenez sa taille
d'une main
pour mieux
contrôler votre
mouvement.

À quatre pattes
Faites porter votre poids sur vos coudes
et vos avant-bras et écartez les cuisses
pour qu'il puisse vous pénétrer.

LES POSITIONS DE L'AMOUR

Le Phénix Jouant dans la Grotte de Corail

Le nom très imagé de cette position fait référence à la profonde pénétration qu'elle permet, mais elle peut se révéler fatigante pour la femme. L'homme doit attendre que la femme soit pleinement excitée avant de tenter de la pénétrer.

C'est un nom merveilleusement évocateur, pour une position dans laquelle la femme lève les jambes pour présenter à son amant la « grotte de corail » dans laquelle il pourra « jouer ». Parce que la femme ne pourra pas beaucoup bouger, l'homme doit d'abord utiliser son pénis comme godemiché et le frotter contre ses lèvres, puis sur son clitoris. Lors de la pénétration, il pourra peut-être appliquer certains des mouvements conseillés dans Le Jardin parfumé (cf. p. 125 et 133).

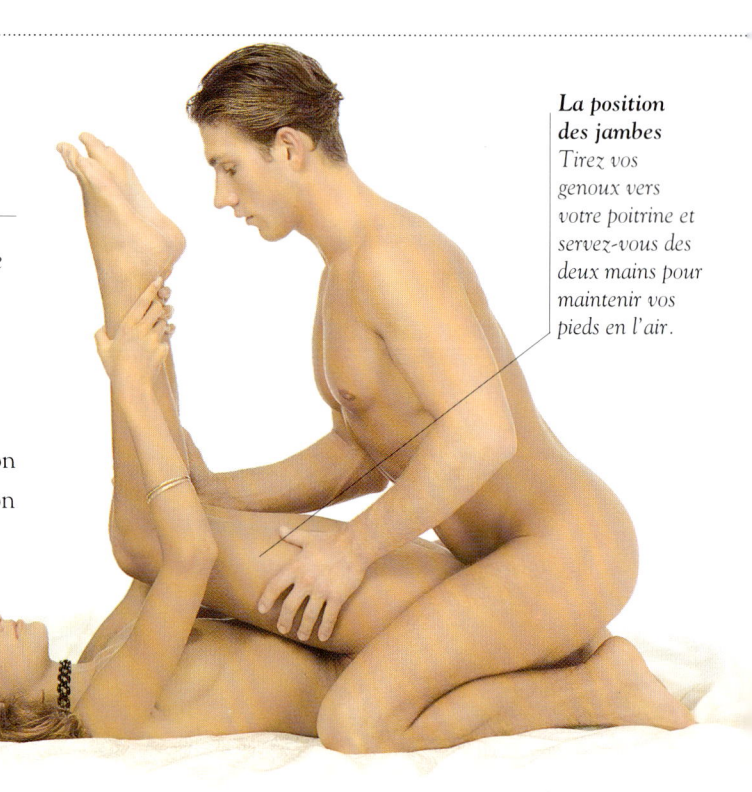

La position des jambes
Tirez vos genoux vers votre poitrine et servez-vous des deux mains pour maintenir vos pieds en l'air.

L'Oiseau Géant planant sur la Mer Obscure

C'est une autre position permettant une pénétration profonde. En levant les jambes, la femme fait varier l'angle de pénétration du pénis, ce qui permet une stimulation plus intense pour les deux partenaires.

En plaçant ses jambes par-dessus les bras de son partenaire, la femme se met figurativement et littéralement en situation de vulnérabilité. Nombre de femmes seraient émotionnellement incapables d'adopter une telle position, sauf à être profondément amoureuses, ce qui lui donnerait alors une signification aussi profonde que la sensation physique elle-même.

Une douce pression
Appuyez-vous délicatement contre ses cuisses, sans pousser trop fort.

Les jambes
Levez les jambes et placez-les par-dessus ses bras.

Soutenez-la
Tenez sa taille et soutenez ses jambes de vos avant-bras.

LE TAO

Gardez l'équilibre
Placez une main autour de son cou et l'autre sur sa jambe pour garder votre équilibre.

Soutenez ses reins
Tenez-vous d'une main et utilisez l'autre pour soutenir ses fesses.

Utilisez vos jambes
Alternez tensions et relâchements des muscles des jambes pour accompagner votre va-et-vient sur son pénis.

LE SINGE CHANTEUR EMBRASSANT L'ARBRE

Ni l'un ni l'autre n'ont une réelle liberté de mouvement dans cette position – l'homme moins encore que la femme –, mais ils peuvent se caresser mutuellement et se regarder dans les yeux, ce qui procure un agréable sentiment d'intimité.

Ce qui rend cette posture différente, c'est le positionnement de la main de l'homme sous les fesses de sa partenaire ; de nombreuses femmes trouvent ce geste hautement érotique mais peu d'amants le font. Il peut pourtant servir non seulement à soutenir le corps de la femme, mais à écarter légèrement ses fesses, provoquant ainsi des sensations très plaisantes.

Les Ânes à la Dernière Lune de Printemps

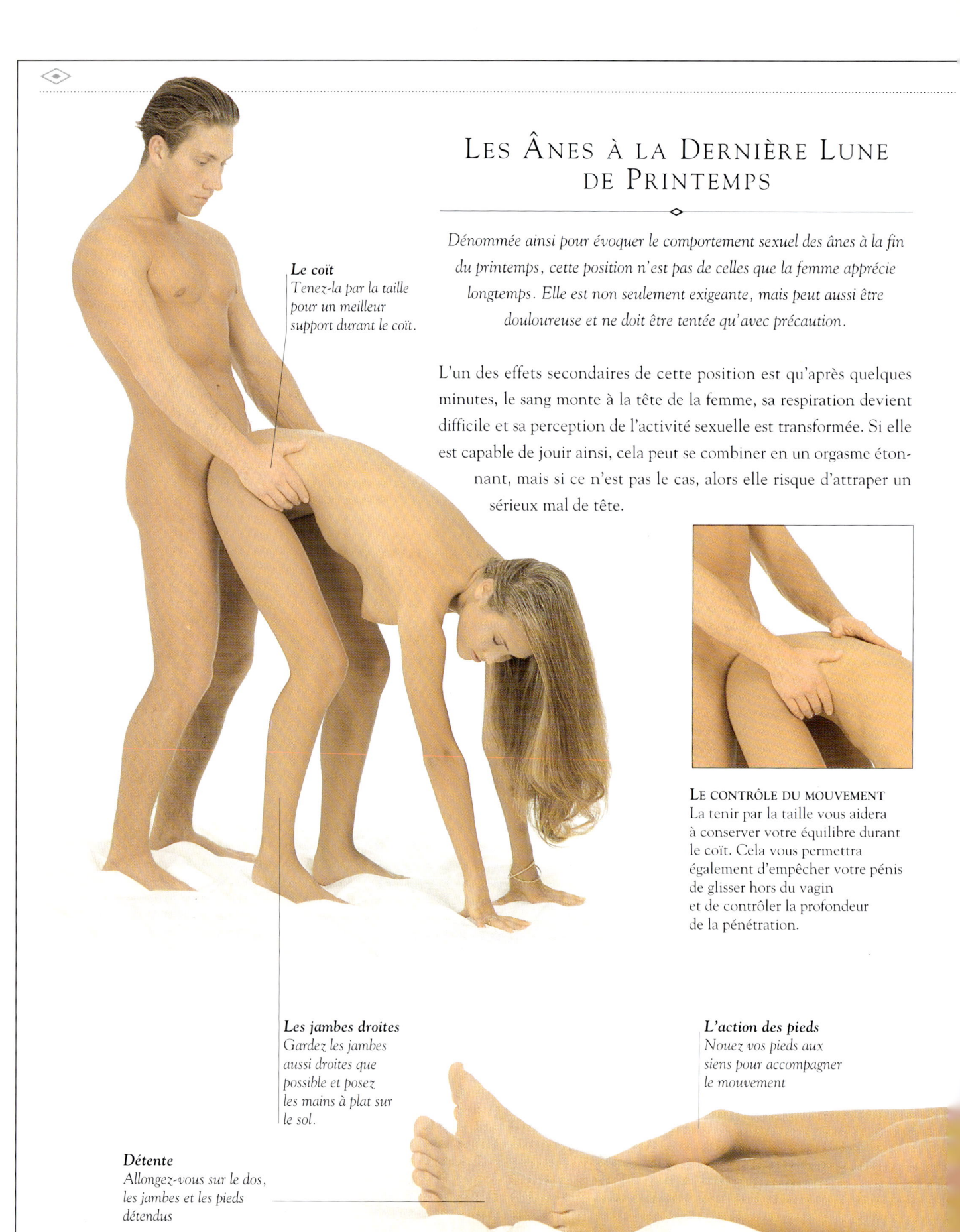

Dénommée ainsi pour évoquer le comportement sexuel des ânes à la fin du printemps, cette position n'est pas de celles que la femme apprécie longtemps. Elle est non seulement exigeante, mais peut aussi être douloureuse et ne doit être tentée qu'avec précaution.

L'un des effets secondaires de cette position est qu'après quelques minutes, le sang monte à la tête de la femme, sa respiration devient difficile et sa perception de l'activité sexuelle est transformée. Si elle est capable de jouir ainsi, cela peut se combiner en un orgasme étonnant, mais si ce n'est pas le cas, alors elle risque d'attraper un sérieux mal de tête.

Le coït
Tenez-la par la taille pour un meilleur support durant le coït.

Le contrôle du mouvement
La tenir par la taille vous aidera à conserver votre équilibre durant le coït. Cela vous permettra également d'empêcher votre pénis de glisser hors du vagin et de contrôler la profondeur de la pénétration.

Les jambes droites
Gardez les jambes aussi droites que possible et posez les mains à plat sur le sol.

L'action des pieds
Nouez vos pieds aux siens pour accompagner le mouvement

Détente
Allongez-vous sur le dos, les jambes et les pieds détendus

Les livres de chevet taoïstes

Depuis près de 2 500 ans, la sagesse des taoïstes en matière de sexe a été inscrite dans des « livres de chevet ». De ceux-ci, le plus célèbre est le *Tong-hsuan-tze*, rédigé au VIIe siècle par un médecin, Li Tong-hsuan.

Aujourd'hui encore, les textes candides et les illustrations magnifiques et très explicites de ces livres de chevet paraissent pornographiques aux yeux de certains Occidentaux.

Pour les Chinois qui les utilisaient, en revanche, ils étaient des guides indispensables, non seulement sur les mécanismes du sexe, mais aussi pour vivre une vie longue et riche, dans laquelle une expression sexuelle sans inhibition jouait un grand rôle.

Néanmoins et malgré leur candeur et leur crudité, les livres de chevet taoïstes ont en commun avec les aspects les moins libéraux de notre époque d'exclure toute pratique homosexuelle. Cette exclusion était presque toujours justifiée par l'argument philosophique que le véritable coït est l'union de forces égales et opposées telles que personnifiées par les deux sexes. Ces manuels ne traitent pas non plus des pratiques sado-masochistes.

Le Chat et la Souris dans le même Trou

Comme pour les autres positions avec la femme au-dessus, celle-ci lui permet de contrôler les mouvements et les rythmes du coït. Bien qu'un effort important soit généralement nécessaire si les partenaires désirent atteindre l'orgasme, cet effort commun peut s'avérer mutuellement excitant.

Je trouve cette position décevante, vu son nom évocateur, et je conseillerais volontiers d'y ajouter une stimulation manuelle. Par exemple, les deux mains de l'homme sont libres, ce qui lui permet de caresser n'importe quelle partie du corps de sa partenaire et donc ses fesses, ses seins et peut-être son clitoris. Elle n'aura en revanche pas la possibilité de lui rendre la pareille, sauf si elle est capable de se soutenir sur une seule main.

Maintenez une cadence
Poussez alternativement sur vos mains et sur vos pieds pour bouger d'avant en arrière sur le pénis de votre partenaire.

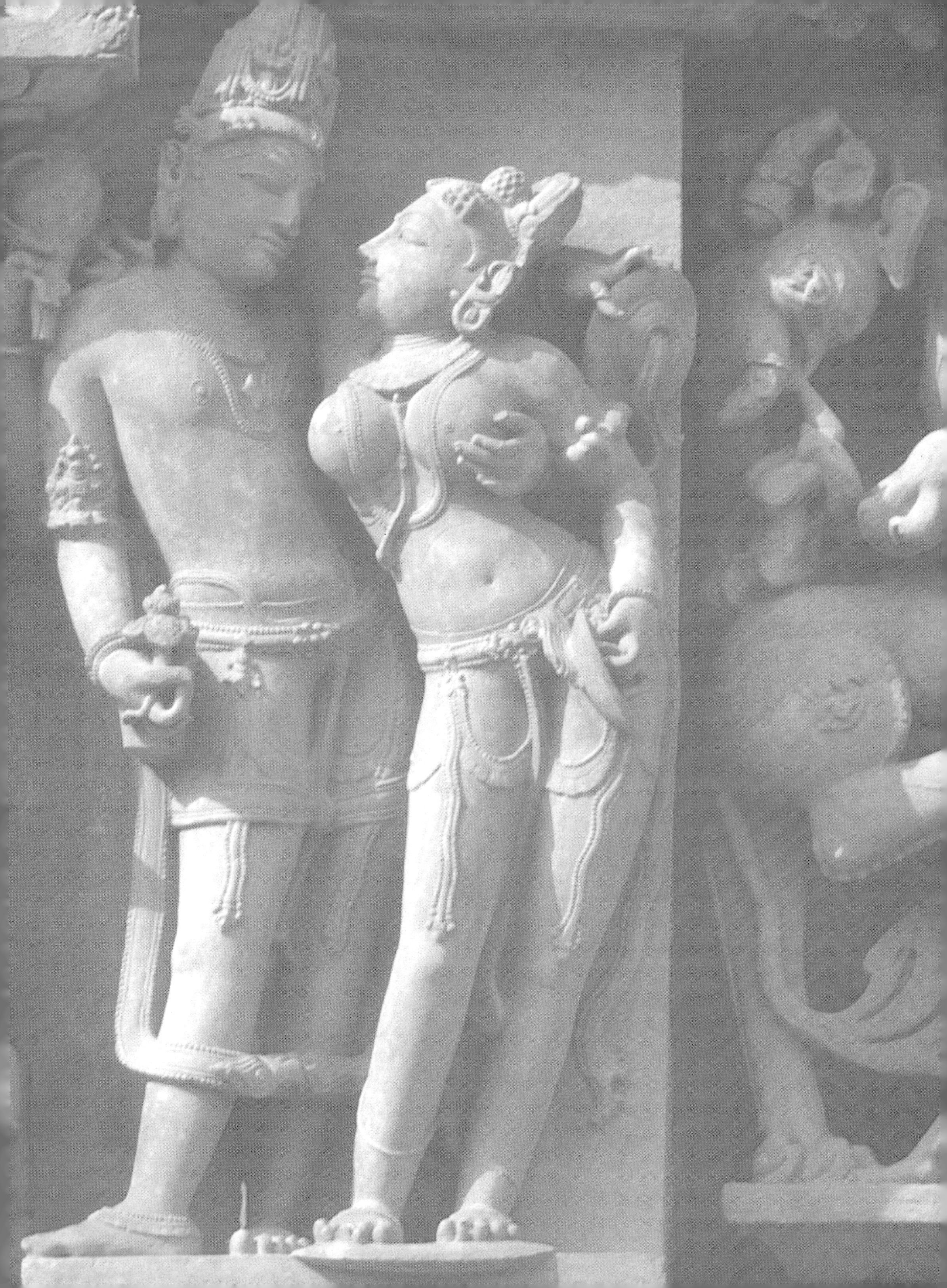

AVANT ET APRÈS L'AMOUR

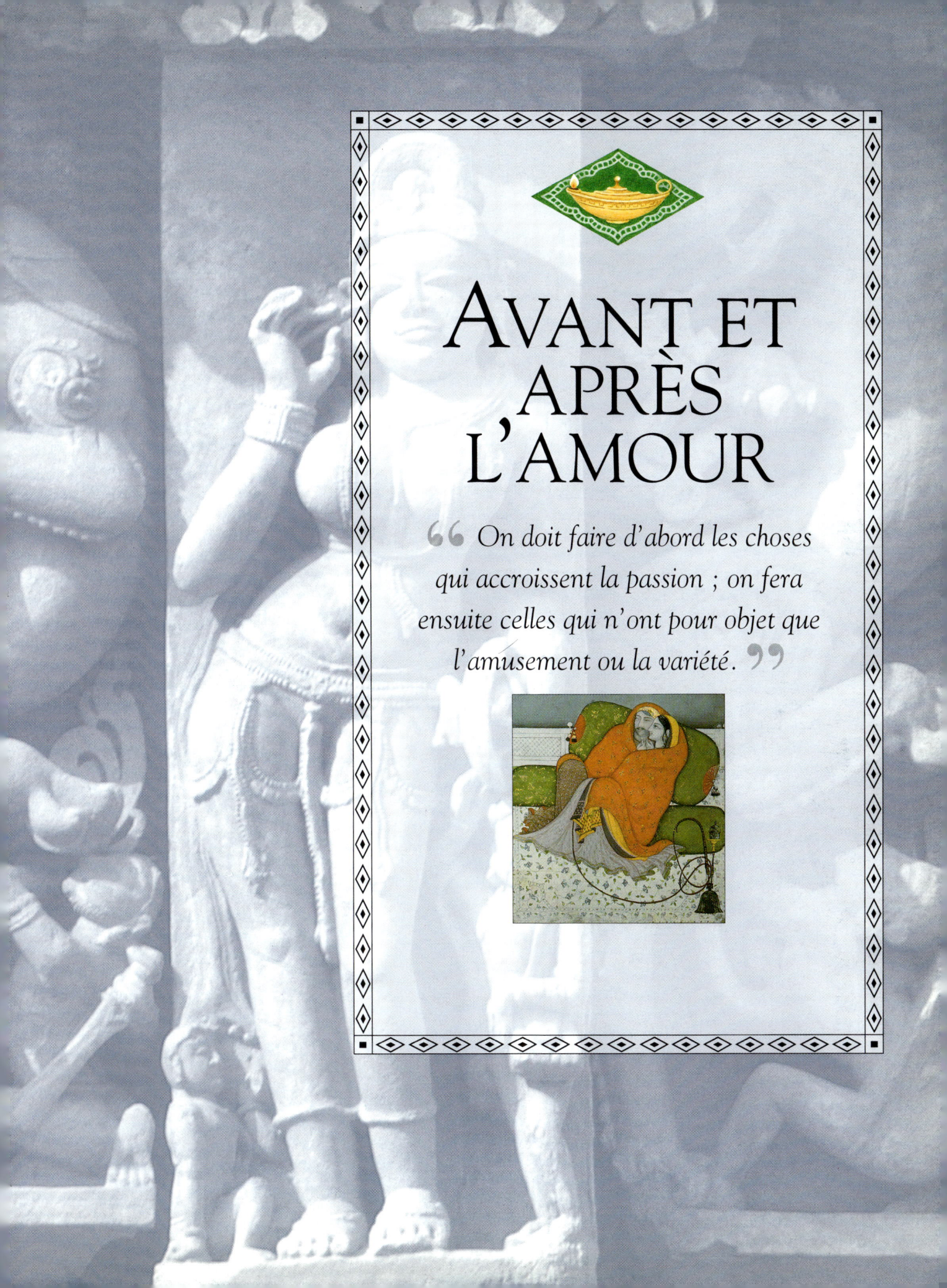

" On doit faire d'abord les choses qui accroissent la passion ; on fera ensuite celles qui n'ont pour objet que l'amusement ou la variété. "

Les Maladies Vénériennes

Alors que les maladies sexuellement transmissibles existaient déjà à l'époque de la rédaction du *Kama-sutra*, Vatsyayana n'en fait pas mention. Les hommes et les femmes ont toujours cherché à éviter de telles infections, mais les protections, qui étaient autrefois importantes, sont devenues aujourd'hui indispensables. On doit cette évolution du comportement sexuel à la propagation tragique du sida (syndrome d'immunodéficience acquise). L'expression « sexe à moindre risque » décrit les activités sexuelles qui rendent peu probable l'exposition des participants au VIH (virus de l'immunodéficience humaine), qui est l'agent responsable du sida. Le principe du « sexe à moindre risque » est d'éviter les échanges de fluides corporels (sperme, sécrétions vaginales, sang), parce que ces échanges sont le moyen de transmission le plus courant du virus. Le moyen le plus efficace de minimiser les risques de contamination lors de rapports sexuels est l'usage de préservatifs associés à un spermicide.

LA MINIMISATION DU RISQUE

Lorsqu'une confiance parfaite existe et que chacun en sait assez sur l'histoire sexuelle de l'autre, les pratiques du « sexe à moindre risque » sont inutiles. Mais il est toujours possible qu'un nouveau partenaire soit infecté. Les nouveaux partenaires doivent toujours s'en tenir à ces pratiques, jusqu'à se connaître assez pour pouvoir être certains de l'absence totale de risque.

Le Sexe sans Pénétration

Comme le savent tous les amants ayant un tant soit peu d'expérience, la pénétration n'est pas systématique dans les rapports sexuels. Les baisers, les étreintes, les caresses et les massages expriment l'intimité avec éloquence et sans risque d'infection par le VIH. La masturbation mutuelle peut également être une solution, mais le partenaire actif doit éviter tout contact avec le sperme ou les sécrétions vaginales de l'autre si ses mains portent la moindre coupure, abrasion ou blessure.

Les rapports bucco-génitaux sont une activité à haut risque, en particulier si les fluides sont avalés. Un certain degré de protection peut être assuré par l'usage d'un préservatif pour la fellation, ou d'une barrière de latex (digue dentaire) pour le cunnilingus, mais ces méthodes ne sont pas parfaitement sûres.

En acceptant les activités sexuelles sans pénétration dans sa relation, un couple qui a des raisons de suspecter la possibilité d'une transmission du virus en viendra à moins dépendre du sexe coïtal. Lorsque le coït a effectivement lieu, il est toujours nécessaire d'utiliser un préservatif.

Le VIH et le développement du SIDA

Lorsque le VIH a contaminé le sang, il s'attaque au système immunitaire, le mécanisme complexe qui permet à l'organisme de se défendre contre les infections. Les dommages causés rendent le corps vulnérable aux nouvelles infections et l'exposent à des maladies qui autrement seraient rares, dont certains types de cancers et de pneumonies. Lorsqu'une personne commence à développer ce type de maladies, on considère que son sida est déclaré. Ce sont ces maladies et non pas le VIH en lui-même, qui mènent à la mort.

Infection et incubation

Lorsqu'une personne est infectée par le VIH, celui-ci est présent dans son sang. Il est également présent dans le sperme des hommes infectés et dans les sécrétions vaginales des femmes infectées. Toute personne entrant en contact intime avec ces fluides, prend le risque de contracter le virus.

Une fois que le virus est entré dans le sang, il n'existe aucun moyen de s'en débarrasser et le sida se déclare généralement dans les huit à dix ans. On ne peut, en revanche, contracter le VIH par de simples contacts quotidiens avec un malade. Par exemple, le virus n'est pas transmis par une poignée de main, une toux, un éternuement, ni par un objet que le porteur du virus aurait touché.

◆ AVANT ET APRÈS L'AMOUR

LES PRÉSERVATIFS

Le préservatif est la pierre angulaire du « sexe à moindre risque ». Il réduit non seulement le risque de contamination par le VIH, mais protège aussi des autres maladies sexuellement transmissibles – ainsi que des grossesses. Les principales objections apportées au port des préservatifs est que leur pose interrompt le déroulement des rapports et qu'ils réduisent la sensation pour l'homme. Le premier problème se résout facilement, si l'on prend l'habitude de faire de sa pose une expérience érotique et une partie intégrante des préliminaires (voir ci-dessous). La deuxième objection est parfois vraie, mais une légère perte de sensation est un faible prix à payer en regard de la protection contre le VIH et autres infections comme la syphilis et l'herpès.

LA POSE DU PRÉSERVATIF

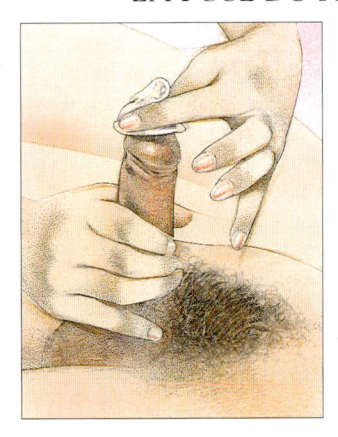

CHASSEZ L'AIR
Lorsque vous placez le préservatif sur le gland, pressez-le doucement pour vous assurer qu'il ne contient pas d'air.

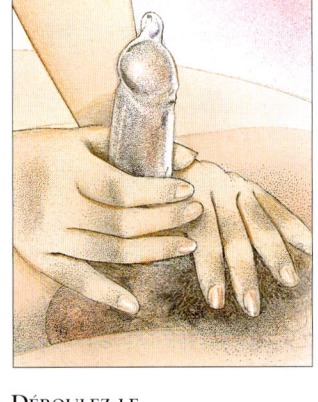

DÉROULEZ-LE
Utilisez l'autre main pour dérouler le préservatif le long du pénis vers la base, par un mouvement lent et régulier.

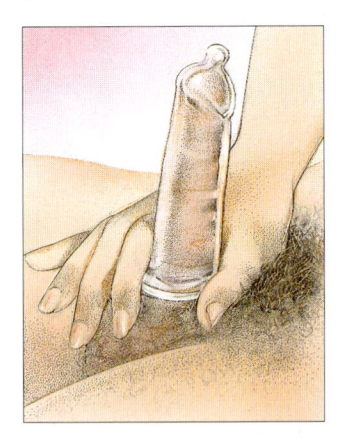

POUR L'ENLEVER
Rappelez-lui comment maintenir le préservatif sur son pénis après l'éjaculation et le retirer avant que son érection retombe.

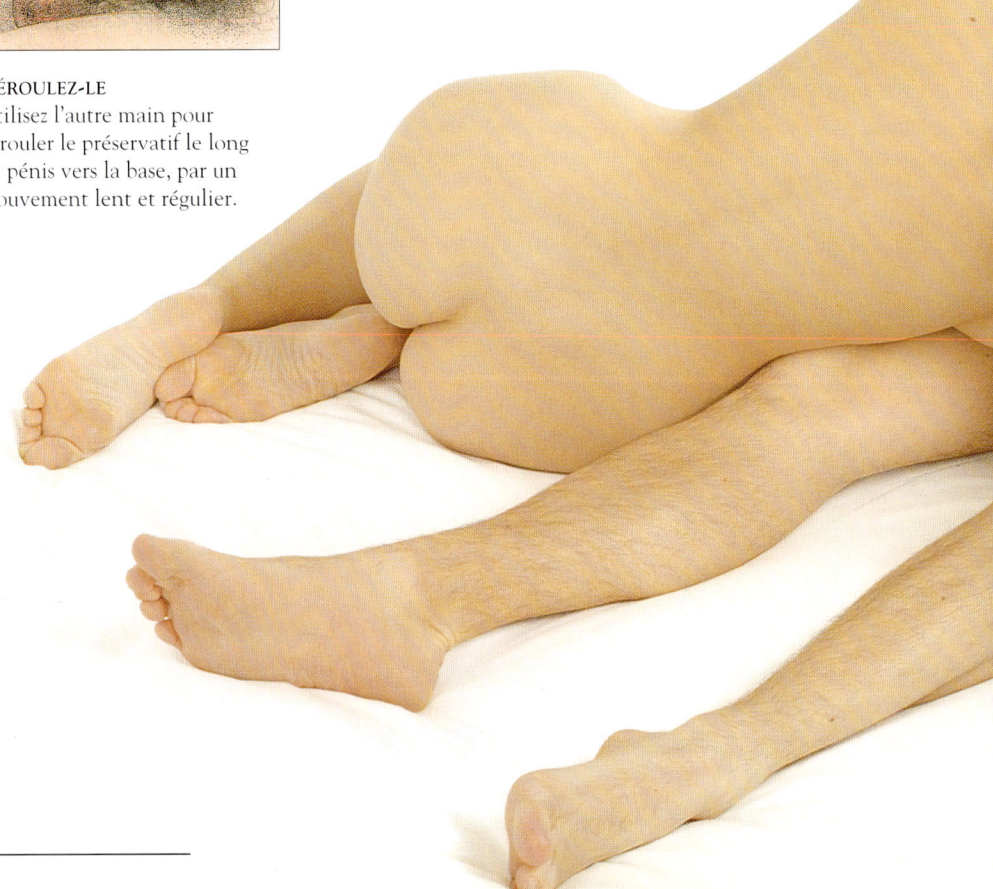

154

LES MALADIES VÉNÉRIENNES

L'Usage du Préservatif

Faites de la pose du préservatif sur le pénis de votre partenaire un geste intime, sensuel et érotique et intégrez ce geste à vos habitudes sexuelles. Commencez par lui masser délicatement les parties génitales, puis faites évoluer le mouvement de votre main du massage vers un début de masturbation.

Ôtez soigneusement le préservatif de son emballage, chassez-en l'air en serrant l'extrémité entre le pouce et l'index (une bulle d'air prisonnière pourrait le faire éclater durant le coït), puis déroulez-le sur le pénis d'un geste lent, régulier et sensuel. Si votre partenaire n'est pas circoncis, faites sortir doucement le gland du prépuce avant de poser le préservatif.

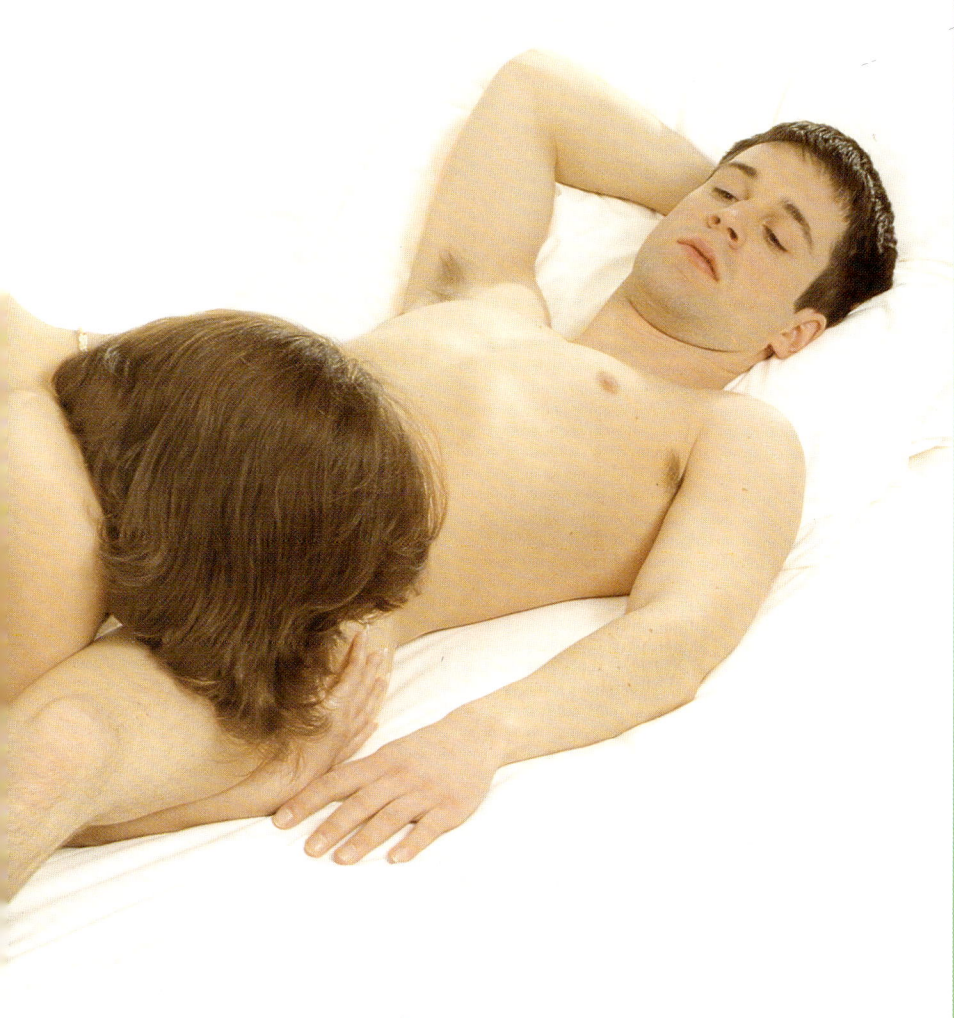

Choisir et utiliser ses préservatifs

Le préservatif doit être de bonne qualité. Pour une sécurité maximale, évitez les marques inconnues et les modèles étranges et vérifiez la date de péremption. Il est par ailleurs tout aussi important de l'utiliser correctement : s'il n'est pas assez serré, il peut glisser du pénis et laisser échapper du sperme dans le vagin durant le coït.

Les préservatifs ne doivent jamais être réutilisés. Évitez également de les mettre en contact avec des corps gras, comme les huiles et crèmes de massage et les dérivés d'hydrocarbures (vaseline). Les préservatifs sont faits de latex et cette matière s'abîme ou s'affaiblit au contact des huiles. Si un lubrifiant est nécessaire, recourez à des produits spécifiques.

Certaines personnes n'aiment pas les préservatifs, mais il s'agit d'une aversion acquise, qui peut être désapprise relativement facilement. Il est également possible d'utiliser des préservatifs féminins.

Pour vous protéger des infections durant les rapports bucco-génitaux, utilisez des barrières orales (digue dentaire) pour le cunnilingus et des préservatif pour la fellation ; les préservatifs parfumés peuvent rendre la fellation plus agréable pour la femme.

Préservatifs masculins et féminins
Le préservatif féminin (en haut), qui est assez nouveau, protège l'intérieur du vagin. Le préservatif masculin (en bas) recouvre le pénis.

AVANT ET APRÈS L'AMOUR

Faire Durer le Plaisir

Un homme et une femme réellement attachés l'un à l'autre voudront prolonger l'intimité unique que procurent les rapports sexuels, en restant physiquement et émotionnellement proches. Venant juste de réaffirmer un lien très personnel, certains couples trouvent qu'ils discutent plus facilement après l'amour de sujets importants pour les aspects communs ou individuels de leur vie. Il est important d'être capable de communiquer sur votre vie sexuelle et tout particulièrement sur les évolutions que vous voudriez lui apporter. Certains couples parlent de ces choses en faisant l'amour et d'autres après, alors qu'ils en évoquent les plaisirs et parfois les déceptions qu'ils viennent de partager. Souvent, un couple désirera tout simplement recommencer, auquel cas il sera peut-être nécessaire pour la femme de masturber son partenaire pour obtenir une nouvelle érection. S'ils n'ont pas l'intention de refaire l'amour, mais que la femme n'a pas encore été satisfaite, l'homme peut alors masturber sa partenaire pour l'aider à atteindre l'orgasme.

Que faire après

Le *Kama-sutra*, conscient du fait que les amants désirent prolonger l'intimité particulière que crée entre eux l'union sexuelle, les conseille sur les plaisirs sensuels qu'ils peuvent partager immédiatement après. Les détails ont, inévitablement, changés à travers les siècles, mais les principes qui définissent les recommandations de Vatsyayana sont toujours actuels :

« À la fin du congrès, les amants, avec modestie et sans se regarder l'un l'autre, iront séparément au cabinet de toilette. Ensuite, assis à leurs mêmes places, ils mangeront quelques feuilles de bétel et le citoyen appliquera de sa propre main sur le corps de la femme un onguent de pur santal ou de quelque autre essence. Il l'enlacera alors de son bras gauche et, avec des paroles aimables, la fera boire dans une coupe qu'il tiendra de sa propre main, ou lui donnera de l'eau. Ils pourront manger des douceurs ou autres choses, selon leurs goûts, et boire des jus frais, du potage, du gruau, des extraits de viande, des sorbets, du jus de mangue, de l'extrait du jus de citronnier sucré, ou toute autre chose qui soit appréciée dans leur pays et connue pour être douce, agréable et pure. »

RETROUVER L'EXCITATION

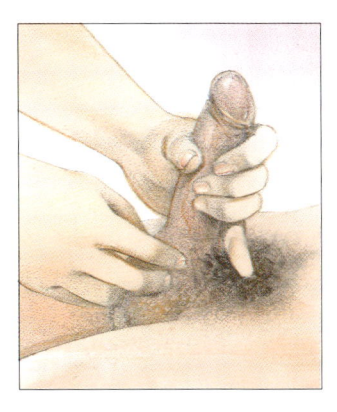

Renouveler une érection
Flattez doucement ses testicules d'une main, tout en faisant glisser l'autre de haut en bas sur le pénis.

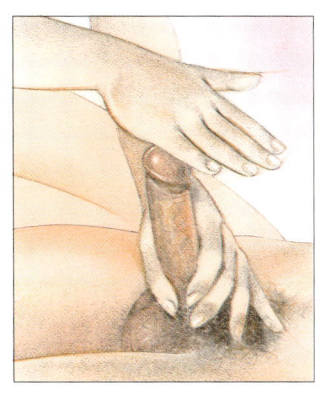

Augmenter l'excitation
Caressez délicatement le gland de légers mouvements circulaires de la paume de la main.

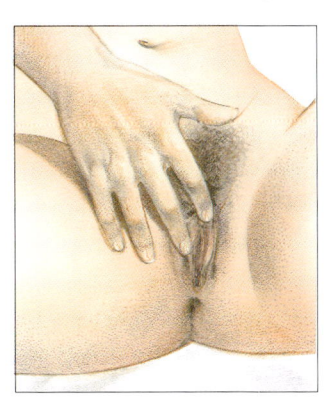

La mener à l'orgasme
Si votre partenaire n'a pas joui durant le coït, ou si elle désire d'autres orgasmes, mais que vous n'êtes pas encore prêt à refaire l'amour, alors vous pouvez l'aider en stimulant son clitoris avec vos doigts. Glissez doucement le bout des doigts sur les faces inférieures et sur le sommet.

Maintenir l'Harmonie

La plupart des amants ne souhaitent pas dissiper trop rapidement le charme des instants qui suivent l'amour en se contentant de se retourner et de s'endormir, ou en faisant quoi que ce soit d'exigeant, physiquement ou intellectuellement. Certains se contentent de rester simplement étendus dans les bras l'un de l'autre, tandis que d'autres apprécient de se masser doucement. S'ils choisissent de se lever, ce peut être pour manger ensemble, ou pour se livrer à une activité peu contraignante, comme écouter de la musique ou faire une promenade.

INDEX

A
Âge, effet sur les hommes 96
L'*Anangaranga* 90
   L'Arrivée imprévue 95
   La Bataille 105
   La Béante 96
   La Corde sur le chaperon du cobra 103
   Le Crabe 95
   L'Écrin à bijoux 98
   L'Épanouie 93
   La Fleur éclatée 93
   La Fleur épanouie 97
   La Fleur ouverte 107
   La Grande Déchirure 97
   Les Jambes jumelles 104
   Le Pied levé 101
   Les Pieds au ciel 92
   La Position inversée 107
   La Position du lotus 100
   La Posture du luth 99
   La Roue de l'amour 94
   Le Siège de cocher ou posture charmante 102
   Le Va-et-vient 106
Après l'amour 157
Arbuthnot, 9

B
Bain 17
Baisers 45
   Penché 46
   Tourné 46
   Droit 47
   Pressé 47
   De la lèvre supérieure 48
   Serrant 49
   s'il s'agit d'une jeune fille 49
   Qui attise l'amour 50
   Qui éveille 50
   Qui distrait 51
   Différents types 53
Bucco-génitaux, rapports 63
Burton, sir Richard 9

C
Chakras 75
Champagne 23
Chandelles 23
Cheveux
   Shampooing 33
Contact 42
Clitoris
   Flatter le clitoris 57
   La stimulation clitoridienne 57
   Le vibromasseur 144
Congrès du corbeau 63
Coups rituels 41
Créer l'ambiance 22
Cunnilingus 56
   La stimulation clitoridienne 57
   La stimulation périnéale 57
   Le baiser génital 58
   Flatter les lèvres 58
   L'insertion de la langue 59

D
Décor 23
Différences de taille 85

E
Éclairage 23
Embrassement
   Des cuisses 30
   Des seins 31
   Du front 31
   Du *jaghana* 30
   Enlacement du reptile 29
   Frottant 27
   Montée à l'arbre 28
   Lait et eau 28
   Mélange de graine de sésame et de riz 29
   Perçant 27
   Pressant 27
   Touchant 26
Embrasser 46
   … et lécher 53
   Le corps 52
   Les seins 52
   Le vagin 58
   Le pénis 62
Érection
   Les effets de l'âge… 96
   Renouveler une érection 157
Étreintes
   L'embrassement 26
   Les étreintes et l'amour 28
Excitation
   La stimulation du désir masculin 30
   Retrouver l'excitation 157
   Le massage en tant que prélude sexuel 39

F
Faire durer le plaisir 156
Fellation 60
Femme
   Les quatre types de femmes 99, 101
   L'idéal féminin 127
   Inspirer l'affection chez une femme 123
   Concernant les femmes dignes d'éloges 114
Fesses
   Zone érogène 21
   Massage 38
Fleurs 23

G
Griffures 40

H
Homme
   Les actes que doit accomplir un homme 70
   Concernant les hommes dignes d'éloges 111
   Les trois types d'hommes 105
Huile de massage (l') 36
   Huiles de massage et additifs 37
Huiles et lotions (les) 23

I
Imagination (le pouvoir de l') 89
Impuissance (les effets de l'âge…) 96
Indra 71

J
Jeu du baiser (Le) 50

K
Kalyanamalla 9, 90
Kama-sutra, 66
   L'Autre Béante 69
   La Balançoire 87
   La Béante 68
   Le Congrès appuyé 85
   Le Congrès de la vache 89
   Le Congrès suspendu 84
   Le Crabe 81
   La Demi-pressée 78
   La Femme d'Indra 71
   La Fente du bambou 80
   La Jument 76
   La Largement ouverte 69
   La Levante 77
   La Liante 75
   Le Lotus 81
   La Paire de pincettes 87
   La Pose d'un clou 81
   La Pressante 74
   La Pressée 79
   La Pression de l'éléphant 88
   La Serrante, de côté 72
   La Serrante, de dos 73
   La Toupie 86
   La Tournante 82
Kegel (Les exercices de) 77

L
Langage du *Tao* (Le) 141
Lao-tseu 136
Lécher
   corps 53
   clitoris 57
   lèvres 58
   pénis 60
   périnée 57
   vagin 58
Le Jardin parfumé 108
   À la manière des grenouilles 118
   L'Arc bandé 125
   L'Arc-en-ciel 125
   Le Bouchement 119
   Celui qui reste dans la maison 134
   La Chaussette 122
   La Cheville 131
   Le Choc mutuel 125
   La cinquième manière 113

INDEX

Le Coït de dos 127
La Course du membre 132
Le Cure-dents de la vulve 133
La deuxième manière 110
La dixième manière 117
L'Élévation des jambes 120
L'Emboîtement de l'amour 133
L'Emboîteur 133
La Fusion de l'amour 128
La huitième manière 115
L'Inversion dans le coït 130
Le Jeu des orteils 120
Le Mouvement alternatif de percement 124
Le Mouvement du seau dans le puits 125
La neuvième manière 116
La onzième manière 117
Le Martèlement sur place 126
La première manière 110
La quatrième manière 112
La Queue de l'autruche 121
Le Rapprochement 125
Le Séducteur 135
La septième manière 114
La sixième manière 113
Le Tailleur de l'amour 133
La troisième manière 111
Le Ventre à ventre 129
La Vue réciproque des fesses 123
Li Tong-hsuan 138, 149
Livres de chevet taoïstes (Les) 149
Lotions (Les huiles et) 23

M
Massage
  bras 38
  cou 33
  dos 39
  épaules 35
  en tant que prélude sexuel 39
  fesses 38
  jambes 37
  mouvements de base 35
  pieds 37
  poitrine 38
  réflexologie 79

sensuel 34
taille 35
tête 35
torse 35
Masturbation
  pour elle 157
  pour lui 157
  avec le pénis 70
Minimisation du risque (La) 152
Morsures 54
  Le Nuage brisé 55
  La Morsure du sanglier 54
Mouvements de l'amour (Les six) 125, 133

N
Nefzaoui, cheikh 10, 108
Nominal, congrès 61
Noms des parties génitales
  de la femme 118
  de l'homme 128

O
Obligations (Les actes que doit accomplir un homme) 70
Orgasme (La mener à l') 157
  Orgasmes multiples (Tension sexuelle et) 103

P
Papillonnage 61
Parfums
  haleine 17
  pièce 23
  peau 23
Peau 20
Pénis
  morsure 61
  papillonnage 61
  baiser 62
  lécher 60
  presser 61
  frotter 62
  sucer 62
  englober 62
Pied
  zone érogène 19
  massage 37
  réflexologie 79
Point G 93

Positions acrobatiques (Les) 80
Positions amoureuses
  L'Anangaranga 90
  Le Kama-sutra 66
  Le Jardin parfumé 108
  Debout 131
  Les positions du *Tao* 136
  La femme au-dessus
    Anangaranga 106
    Kama-sutra 86
Préparation du corps 16
Préservatifs 154
  choix 155
  masculins et féminins 155
  pose 154
  utilisation 155
Prolonger l'harmonie 157
Pubococcygiens, muscles
  exercices 77
  usage 76

R
Rapports bucco-génitaux
  Bonnes manières 62
  Congrès du corbeau 63
  Cunnilingus 56
  Fellation 60
Rasage 32
Réflexologie 79
Renouveler l'excitation 157

S
Sculptures érotiques 84
Seins
  zone érogène 20
  caresses 71
  étreinte 31
  baiser 52
Sexe à moindre risque 152
Sexe sans pénétration 153
Shampooing 33
Sida 153
Soie 23
Soins mutuels 32
Suçons 55

T
Tao 136
  Les Ânes à la dernière lune

de printemps 148
  Les Canards mandarins 140
  Le Chat et la souris dans le même trou 149
  La Chèvre et l'arbre 144
  La Cigale sur une branche 144
  Le Coursier lancé au galop 143
  Les Deux poissons côte à côte 139
  Le Dragon qui s'enroule 138
  Les Hirondelles amoureuses 141
  L'Oiseau géant planant sur la mer obscure 146
  Les Papillons voltigeants 140
  Le Phénix jouant dans la grotte de corail 146
  Le Pin nain 142
  Le Singe chanteur embrassant l'arbre 147
  Le Tigre blanc 145
  Le Ver à soie tissant son cocon 139
  Le Vol des mouettes 143
Tao tö king 136
Tension sexuelle et orgasmes multiples 103
Toucher 72

V
Vagin
  lécher les lèvres 58
  lubrification 59
  stimulation 59
  insertion de la langue 59
Vatsyayana 7, 66
Vibromasseur (Le) 144
VIH 153

Z
Zones érogènes 18
  seins 20
  fesses 21
  pied 19
  peau 20

REMERCIEMENTS

Photographie :
Jules Selmes, assisté par Steve Head.
Baignoire fournie par The Water Monopoly.

Coiffure et maquillage :
Jill Hornby, Karen Fundell, Melissa Lackersteen.

Illustrations :
Jane Craddock-Watson et John Geary

Recherche d'images :
Diana Morris

Consultant de production :
Lorraine Baird

Crédits photo :
Chester Beatty Dublin/Bridgeman Art Library 25 ;
E.T. Archive : 16, 151 ;
Collection Lownes/Bridgeman Art Library : 11, 15, 65 ;
Collection privée : Bridgeman Art Library : 6, 7, 8, 66, 90 ;
Victoria & Albert Museum/Bridgeman Art Library : 9, 10, 11, 22, 45, 136.
Collection Charles Walker : 1, 2-3, 9, 14-15, 24-25, 44-45, 64-65, 150-151